\\ いちばん使える！ /

ビジネスマナーの基本とコツ

BASES AND TRICKS OF THE BUSINESS MANNERS

西出ひろ子
NISHIDE HIROKO

高橋書店

ビジネスの世界は予期せぬことばかり!?

ビジネスマナーと聞くと、あいさつや名刺交換のしかたなどが浮かぶと思います。
そういったマナーは仕事をしていくうえでしぜんと身につくかもしれません。
しかし、はたしてそれだけで充分でしょうか。
皆さんはこんなときに、どう対処するべきか知っていますか？

メールの返事がなかなかこないときはどうする？
正解は ≫p.33

プレゼンでわからないことを質問されたらどうする？
正解は ≫p.70

頼みにくいことを頼むときはどうする？
正解は ≫p.35

留守番電話に録音するときはどうする？
正解は ≫p.49

残業しないで帰りたいときはどうする？
正解は ≫p.38

複数の人から違う指示を受けたらどうする？
正解は ≫p.60

初対面のときに
名刺を忘れたら
どうする？
正解は》p.82

商談で
お茶を出されたら
どうする？
正解は》p.90

結婚式に参列
かばんは
どうする？
正解は》p.128

結婚式の
ご祝儀用の
新札がないときは
どうする？
正解は》p.130

説教好きな
上司と飲むときは
どうする？
正解は》p.166

仕事中に
急に訃報を
知らされたら
どうする？
正解は》p.148

職場の
飲み会のお店を
決めるときは
どうする？
正解は》p.168

いかがでしたか？　どうするのが正解かわからないことも、意外とあったかと思います。でもじつはこれらのケースにも、正しいマナーが存在するのです。正しいマナーを知っておけば、これらの困ったケースでも悩むことなく、スマートに対処ができます。

ぜひ本書で正しいマナーを身につけできる大人を目指してください！

「いちばん使える！ビジネスマナーの基本とコツ」の
ここが使える！

「ここが大事！」

大事な心がまえがひと目でわかる！

これだけは知っておきたい、大切なポイントです。ページ内の要点が簡潔に書いてあります。ここに目を通すだけで、マナーにおける最低限の心がまえが身につきます。また、本文を読んでから、最後のまとめとして振り返るのもよいでしょう。

「ここもCheck！」

関連情報もしっかり解説

「マナーだけじゃなく、一般常識も知りたい……」という人のために、本書では正しいマナーを覚えるために必要となる周辺情報も、多数紹介しています。マナーとは異なる関連情報も紹介しているので、チェックすることでより深い知識が身につき、ほかの人と差をつけられます。

「Q&A」

若手社員の素朴な疑問にお答え！

仕事をしていて「そういえば……」と、ふと疑問に思うことがあっても、忙しい先輩にわざわざ聞くのは申し訳ない……。そんな悩める若手社員のために、本書では全ページにQ&Aを掲載しています。素朴な疑問もここでしっかり解決できます。

本書は、若手社員にとっていちばん使い勝手のよい本となるような工夫がたくさん込められています。マナーに自信がない人でも、この本を読めば大事な点をバッチリ押さえられることでしょう。

ここが使える!「できる人のモノの言い方」

使えるフレーズをたくさん紹介!

「正解がわかっても、実際にどうやって実践したらいいかわからない……」という人のために、本書では実際のビジネスシーンでそのまま使えるフレーズ例を多数紹介しています。目的ごとの「便利なフレーズ」を集めた5章もチェックし、できる人のモノの言い方を身につけましょう。

ここが使える!「NG」

してはいけないNGマナーがひと目でわかる!

「最低限度のマナーだけでも守りたい……」という人のために、本書では社会人としてふさわしくないNGマナーを多数指摘しています。基本的なことから、意外と知られていないNGまでひと目で把握できます。社会人として恥ずかしくないふるまいを身につけましょう。

ここが使える!「LEVEL UP」

成長するための一流マナーも多数紹介!

「マナーだけじゃもの足りない!」という人のために、本書ではマナーの枠を越えた、できる人の気遣いも多数紹介します。基本を押さえたうえで、一流の気遣いを身につければ、「気が利いている」「よく気がつく」などといった評価を得られること間違いなし。人より一歩先のマナーを身につけましょう。

基本的な自己紹介の手順

1 所属部署と名前を名乗る

「はじめまして。このたび営業2課に配属されました、田中太郎と申します」

配属された部署でのはじめての自己紹介なので、第一印象が大切です。明るく笑顔で、聞きとりやすい声で名乗ります。

2 出身地や趣味など人となりを伝える

「前の部署では営業をしていました。そこで培った忍耐力をこちらの部署の仕事でも活かしたいと思います」

たとえ以前の部署で成果を上げていたとしても、それはその部署の仕事における話です。スキルや実績よりも、素直で誠実、前向きな気持ちをアピールすると好印象です。

3 仕事に取り組む抱負で締める

「まだまだ若輩者ですが、持ち前のガッツでがんばりますので、ご指導くださいますようよろしくお願いします」

最後は配属された部署での展望や抱負を語り、謙虚な姿勢で締める。

ここもCheck!
好印象を与えるコツ
・笑顔で相手の目を見る
・簡潔にすませる
・ハキハキとゆっくり話す

大勢の前で話すときも、できるだけ全員の顔を見渡しながら話します。仕事の時間をちょうだいして自己紹介しているので、だらだらと話さず、簡潔におさめる。

POINT
おすすめの話題
・趣味、特技
・出身地
・名前の由来
・長所や短所

✕NG
・自分のキャリアを自慢
・笑いをとるため、くだけた話をする
・長々と話す

↑LEVEL UP
印象を残すならこんな自己紹介も

▶配属されたことに感謝する

「こちらの部署の仕事には入社当時から憧れておりました」

相手の気持ちを持ち上げることも大切です。「前から配属されたかった」「仕事内容に憧れていた」など、いっしょに働けることへの感謝の気持ちを示します。

▶謙虚な姿勢をとる

「ご迷惑をおかけすることもあるかと思いますが～」

あまりにも自信満々な態度は、反感をかう可能性があります。とはいえ、「何もできないので、教えてください」というと人任せで甘えていると受け取られることも。

A 土下座は深い謝罪をあらわしますが、ビジネスシーンではやりすぎととられます。上体を90度傾ける最も丁寧で深い「拝」というお辞儀をすると、気持ちは伝わるでしょう。

Chapter1 覚えておきたい基本とコツ

CONTENTS

Chapter 1
1章
覚えておきたい基本とコツ

- 12 ▶ 男性の身だしなみ
- 16 ▶ 女性の身だしなみ
- 20 ▶ あいさつのしかた
- 22 ▶ 日常のあいさつとマナー
- 24 ▶ シチュエーション別 あいさつのしかた
- 26 ▶ 敬語の基本
- 28 ▶ ビジネス会話の基本とコツ
- 30 ▶ ビジネスメールの送り方
- 34 ▶ できる人の話し方
- 36 ▶ できる人の聞き方
- 38 ▶ 先輩社員には聞きにくい！ホンネの悩み
- 40 ▶ じつは嫌われている！その行動
- 42 ▶ できる人の整理術
- 44 ▶ column できる人は知っている！ スケジュールの立て方

Chapter 2
2章
電話対応の基本とコツ

- 46 ▶ 電話のかけ方
- 48 ▶ [シチュエーション別　電話のかけ方]
- 50 ▶ 電話の受け方
- 52 ▶ [シチュエーション別　電話の受け方]
- 54 ▶ クレーム対処のしかた
- 56 ▶ 携帯電話のマナー
- 58 ▶ column [できる人は知っている!] SNSのマナーとコツ

Chapter 3
3章
社内業務の基本とコツ

- 60 ▶ 指示の受け方
- 62 ▶ 報告のしかた
- 64 ▶ 連絡のしかた
- 66 ▶ 相談のしかた
- 68 ▶ 会議に参加する
- 70 ▶ プレゼンのしかた
- 72 ▶ コミュニケーションのコツ
- 74 ▶ column [できる人は知っている!] 雑談に使える話題

Chapter 4
4章
社外取り引きの基本とコツ

- 76 ▶ 来客対応のしかた
- 78 ▶ 来客のもてなし方
- 80 ▶ 名刺交換のしかた
- 82 ▶ こんなときどうする？ 名刺交換トラブル
- 84 ▶ 紹介のしかた
- 86 ▶ アポイントのとり方
- 88 ▶ 会社訪問のしかた
- 90 ▶ 訪問先での過ごし方
- 92 ▶ 社外での打ち合わせ
- 94 ▶ column できる人は知っている！ 商談のうまい断り方

Chapter 5
5章
できる人のモノの言い方

- 96 ▶ 質問する
- 98 ▶ 依頼する
- 100 ▶ 褒める
- 102 ▶ 注意する
- 104 ▶ 指摘する
- 105 ▶ 謝る
- 106 ▶ 励ます

- 107 ▶ 商談する
- 108 ▶ 提案する
- 110 ▶ 交渉する
- 112 ▶ お願いする
- 114 ▶ 同意する
- 115 ▶ 反論する
- 116 ▶ 断る
- 118 ▶ 保留にする
- 119 ▶ 催促する
- 120 ▶ お礼をする
- 122 ▶ 接待をする・される
- 124 ▶ `column` できる人は知っている！／時候のあいさつ

Chapter 6
6章 冠婚葬祭の基本とコツ

- 126 ▶ 招待状の返事の出し方
- 128 ▶ 結婚式の服装と持ち物
- 130 ▶ ご祝儀の包み方
- 132 ▶ 結婚式に参列する
- 134 ▶ 披露宴でのふるまい方
- 136 ▶ 自分が結婚するとき
- 138 ▶ お祝いごとのマナー
- 140 ▶ 訃報を聞いたら
- 142 ▶ 弔問時の服装と持ち物

144 ▶ 香典の包み方
146 ▶ 通夜・葬儀に参列する
148 ▶ 弔事でのふるまい方
150 ▶ 身内に不幸があったとき
152 ▶ column できる人は知っている！ 神社・お寺 参拝のマナー

Chapter 7

7章
おつき合い・食べ方の基本とコツ

154 ▶ 接待をする
156 ▶ 酒席でのふるまい方
158 ▶ 酒席後のふるまい方
160 ▶ 接待ゴルフのマナー
162 ▶ 接待を受ける
164 ▶ パーティーでのふるまい方
166 ▶ 飲み会に参加する
168 ▶ 飲み会の幹事を務める
170 ▶ 自宅訪問のしかた
172 ▶ 訪問先での過ごし方
174 ▶ お見舞いのしかた
176 ▶ 贈り物のマナー
178 ▶ 和食の食べ方
182 ▶ 洋食の食べ方
186 ▶ 中国料理の食べ方
188 ▶ その他の食事マナー
190 ▶ お酒の飲み方

編集協力：バブーン株式会社
　　　　　（茂木理佳・矢作美和）
本文デザイン：ISSHIKI
イラスト：飯山和哉・千野エー・どいせな・
　　　　　豊島愛（キットデザイン）
校正：荒川照実

1章

Chapter 1

覚えておきたい基本とコツ

男性の身だしなみ

☐ **ここが大事！**：清潔感を心がけ、こまめにお手入れするのを忘れずに

身だしなみの基本

▶濃いジャケットが基本

色：濃紺や黒など、落ち着いた色が基本。青やベージュなどは職場の雰囲気を見て判断を。
サイズ：試着をし、自分の体に合ったものを。袖口からシャツが1cmほど出るようにします。

▶体にフィットしたシャツを

色：新人のうちは白無地が無難。淡い寒色系や細めのストライプ、チェック柄などは職場の雰囲気で判断を。
サイズ：お腹まわりがダボついているとだらしなく見えるので、体にフィットしたものを選ぶことが大切です。

▶ネクタイの色にも注意

色：誠実さを感じさせるブルー系、明るい印象のイエロー系など、その日の仕事内容や会う人に応じて判断を。
柄：無地やストライプ、小さい柄の小紋、ドットを選びます。派手な柄は避けます。

▶ズボンはジャケットで判断

色：スーツのズボンはジャケットと同素材、同色で。
サイズ：ウエストは指が入るくらいのゆとりをもたせます。裾の長さは靴の甲にふれるくらいにし、仕上げはダブルでも問題ありませんが、シングルのほうがよりスマートさが出ます。

ヘアスタイルの基本

整髪料のつけすぎには注意。前髪は目にかからない長さにし、サイドは耳が出るくらいに。襟足はシャツの襟にかからないくらいの長さにします。

✗ NG
- スーツがしわくちゃ
- 靴が汚い
- 無精ひげ
- スーツにフケがついている
- 寝グセで髪がボサボサ
- 鼻毛が出ている

Q スーツは何着持っているといい？

シャツの洗濯のしかた

▶洗う前
ネットに入れ、袖のからまりやボタンがとれるのを防止します。袖口や襟元が汚れている場合は、洗濯する前につけ置きを。

▶洗濯
色移りを防ぐために、色のついた衣類といっしょに洗うのは避けます。柔軟剤を使用することで、シワになりにくい効果が得られます。

▶干す
放置するとにおいが発生するので、脱水後はすぐにとり出します。干す前やハンガーにかけてから襟や袖口を伸ばすなどして、シワ対策を。

シャツのアイロンのかけかた

シャツがシワだらけなだけで、仕事ができない人と思われてしまいます。スーツもできるだけ毎日お手入れを。手軽にシワを伸ばせるスチームアイロンがおすすめです。

①肩や身ごろのかけ方
シャツの内側にアイロン台を入れて平面にして置き、折り目がつかないようにかけます。襟を立ててシワを伸ばします。胴や背中の部分も、平面にして置き、縫い目に沿ってかけます。

②袖のかけ方
袖口はボタンを外してアイロン台に置き、裏側からかけます。袖の部分は、ボタンがついている側を表にして台に置き、袖口から肩に向かってかけます。基本的に袖は片面のみかけます。

③襟のかけ方
シャツを広げ、内側から霧吹きで水をかけます。まず襟を立てて伸ばした状態で内側からアイロンをかけます。次に襟を折り返してもう一度かけることで、折り目をつけます。

靴のお手入れのしかた

靴用ブラシでほこりを落としてから、クリームを塗り、布で汚れを拭きとります。履かないときは乾燥剤や丸めた新聞紙を入れておくと、湿気が除去でき、菌の繁殖を防ぎます。

✓ここもCheck!
スーツのクリーニングはこまめに

金銭的に余裕がなければ1か月に1回程度でもよいですが、2〜3回着用したら出すのが理想です。シワも伸びますし、大切な会議を控えているときや、汗をかいて汚れたときなどは出しておくとよいでしょう。

A 夏用、冬用それぞれ2着ずつはあると着回しができ、長持ちさせられます。ボーナスが出たタイミングなどで買い足すなどして、そろえていくとよいでしょう。

クールビズ

▶基本はノーネクタイ ノージャケット

クールビズとは、28度以上の室温に対応できる軽装で出社することで、例年5月〜10月の間に実施されます。職場によってはポロシャツなどが認められることも。

POINT
外出時には上着とネクタイを
クールビズのルールは職場によってさまざま。他社を訪問する際などは、相手が上着を着ている可能性も考えて、ジャケットとネクタイを持参するとよいでしょう。

×NG
相手に不快感を与える格好
クールビズで大切なのは、あくまで軽装であることで、着崩すことではありません。ボタンを外しすぎたり半ズボンをはいたりするのはNGです。ポロシャツや柄シャツなども職場の規定に従って。

カジュアルデー

▶色をとり入れる

職場によっては、ふだんよりカジュアルな服装での出社が認められる日があります。紺にベージュ、グレーに紺など、上下のバランスを変えてみましょう。

POINT
先輩を見て学ぼう
スーツ以外の服装で出社するときも、仕事をしに行くということは忘れずに。先輩を見てどんな服装が許されるかを判断しましょう。不安なら事前に先輩に確認を。

×NG
ジーンズ、Tシャツは×
私服でOKとはいえ、あくまでビジネスの場であり、おしゃれを競う場ではありません。Tシャツにジーンズや、派手なアクセサリーをつけるなど、ビジネスにそぐわない服装は控えましょう。

Q ネクタイピンにもマナーはあるの？

小物の基本

業種により慣習は異なるので周囲を参考に判断を。

▶ 靴

黒の紐で結ぶタイプが基本です。雨の日用にゴム底タイプも用意すると安心です。靴下は黒が無難でしょう。

×NG
- スニーカー
- 派手な靴や汚れた靴
- ブーツ
- かかとがすり減った靴
- つま先がとがった靴

▶ かばん

黒の革製が基本です。型崩れしにくい手提げタイプがおすすめです。また、床に置いたときに立つものが◎。

×NG
- ひと目でブランド品とわかるもの
- リュックサック
- トートバッグ
- 紙袋

▶ 時計

ファッション性より機能性を重視。派手な印象のゴールド系やカジュアル時計はビジネスシーンではNG。

×NG
- ひと目でブランド品とわかるもの
- 個性的なデザイン
- アウトドア仕様のもの

その他小物の注意点

▶ ベルト

色は靴と合わせるのが基本です。革製のシンプルなものが無難。派手な柄やバックルが凝ったものはNG。

▶ 財布

黒や茶、濃紺、深緑などでシンプルなデザインのものがおすすめ。スーツの内ポケットに入る二つ折りのものを選ぶと便利です。

▶ 名刺入れ

革か布製で、中が2段になっているタイプが基本。ステンレス製は落としたときに床を傷つける可能性があるのでNG。

↑LEVEL UP

手帳を使いこなす

さまざまな記入形式から、自分のスタイルに合ったものを選びます。

- セパレートタイプ

1日の記入スペースが広いので、毎日記録することがある人向け。

- レフトタイプ

右ページがまるまるメモなので、自由に使いこなしたい人向け。

- バーティカルタイプ

時間軸が書いてあるので、1日にいくつも予定が入る人向け。

A 大きすぎるものや派手なものは避けます。ジャケットのボタンを留めているときはみぞおちあたりの位置につけ、ジャケットを脱いでいるときはおへその少し上あたりにつけます。

女性の身だしなみ

☐ **ここが大事！：スカート丈など、肌の露出に注意する**

身だしなみの基本

▶ スーツは余裕があるものを
色： 濃紺や黒、グレー、ベージュなど、落ち着いた色が基本です。
サイズ： 体のラインが強調されるタイトなものはNG。胸元やヒップに余裕があるものを。ジャケットは着丈が腰骨くらいまでの、男性より少し短いものがよいでしょう。

▶ 派手なストッキングはNG
色： 柄のないナチュラルなベージュが基本。網タイツや色つきのタイプはNG。伝線していないかこまめに確認を。

▶ 淡い色のシャツがおすすめ
色： 白無地が基本ですが、黒スーツに白シャツは、就活生のように見えてしまうことも。インナーをクリーム色やピンク、イエロー、ブルーなどにすることで印象が変わります。
サイズ： 胸を強調しないよう、ゆったりしたものを選びます。胸のボタンはしっかり留め、露出は控えます。

▶ スカートで膝を隠す
色： ジャケットとそろえるのが無難ですが、紺のジャケットにベージュのスカートなど、上下の色を変えてみるのもよいでしょう。
サイズ： 体のラインが強調されるタイプやミニスカートは避け、座ったときに膝が隠れるくらいの丈を選びます。

ヘアスタイルの基本

清潔感が大切。ロングヘアは束ねます。前髪は目にかからないようにし、髪色は派手すぎない色に。強いパーマも避けましょう。

✕ NG
- ボディラインを強調しすぎる
- スカートの丈が短い
- スーツがしわくちゃ
- 腰やお腹から下着が見える

Q パンツスーツで気をつけることは？

オフィスカジュアル

▶ トップスは露出度低めに

肌の露出を控えるのが絶対条件。タンクトップやキャミソールなどの肩が出るものは、たとえ夏でもNG。ジャケットやカーディガンを羽織って、誠実な印象を与えましょう。

POINT アンサンブルが便利!

トップスに悩んだときの心強い味方が、同じ生地のカーディガンとインナーがセットになっているアンサンブルです。1枚持っているだけで上品な装いになります。

▶ ボトムスは膝が隠れるものを

トップス同様に肌の露出は控えます。ミニスカートやショートパンツはNG。スカートの場合は座ったときに膝が隠れる丈を、パンツの場合は折り目がついているものを選ぶとよいでしょう。

✗ NG
- ジーンズ（とくにダメージ加工）
- 肌の露出が多いもの
- 赤、青、黄など強い原色のもの
- 柄タイツ、素足

制服

▶ 清潔感とシワのなさが大切

毎日着用するものなので、シワや汚れがないかこまめにチェックしましょう。

▶ ネームプレートにも注意

名前がはっきり見えるか、汚れはないか、傾いていないかなどを確認します。

↑ LEVEL UP 制服に着替えるからと油断しない

制服がある場合は、どうせ着替えるからとショートパンツや素足で通勤する人もいますが、どんな格好でもよいわけではありません。「通勤中も仕事中」であることを意識し、急な接待などにも対応できる服装を心がけます。

A 前かがみになったときに、腰から下着や肌が見えないように注意します。裾が広がったフレアタイプのものは、少し丈を長くすると、より美しく見えるといわれています。

クールビズ

▶トップスは露出に注意

シャツやブラウスなどを着用し、胸元や二の腕が露出しないように気をつけます。カーディガンを用意しておくと温度調節に便利です。

▶素足は絶対NG

ミニスカートやショートパンツはNG。寒色系のスカートを選ぶと、爽やかです。かならずストッキングの着用を。

×NG

フゥ〜ッ

ノースリーブや胸元が開いている服は、ビジネスの場にそぐわないのでNG。薄着になるので下着の透けにも注意。

↑LEVEL UP

基本のスーツを"ちょい足し"で着回す

▶ブローチを足す

ジャケットの左襟に小さめのピンブローチをさりげなくつけるだけで、印象が変わります。

▶フリルシャツやボウタイに

インナーを少しデザイン性のあるタイプに替えると、華やかな印象に。色は白やピンクなどがよいでしょう。

▶ネックレスをプラス

職場の規定にもよりますが、細めのシンプルなデザインのものが胸元などから、さりげなく見えるとおしゃれです。

▶ビジューつきのカットソーに

ただし、大きすぎるものやキラキラしすぎるものはNG。小ぶりで清楚なパールでできたビジューなどがおすすめ。

Q 香水はどれくらいつけていいの？

小物の基本

▶ 靴

ヒールが3〜5cm程度のパンプスが基本です。つま先がとがっていたり丸すぎていたりするものはNG。

❌ NG
- つま先やかかとがあいたもの
- ヒールが高すぎるもの
- スニーカー
- ブーツ

▶ かばん

革製のシンプルなものがおすすめ。A4の書類が入るサイズで、収納量が多いものを選ぶと便利です。

❌ NG
- ひと目でブランド品とわかるもの
- トートバッグ
- ヘビ革やワニ革のもの
- ファーのついたもの

▶ アクセサリー

ネックレスやリングは細めのもの、ピアスは小ぶりのものがおすすめ。派手な印象を与えるものは避けます。

❌ NG
- ひと目でブランド品とわかるもの
- 大きなモチーフのもの
- ゆらゆら揺れるもの
- 個性の強い派手なもの

メイクの基本

▶ 口元

派手すぎる口紅は避け、健康的な印象になるように。グロスはテカテカにならないよう、適度につけます。乾燥対策は必須です。

▶ 目元

アイシャドウはナチュラルな色を使い、強すぎるアイラインやマスカラのつけすぎには気をつけます。

▶ ファンデーション チーク

ファンデーションは肌に合った色を選び、クマはコンシーラーで隠して健康的に。チークは血色よく見せるためにおすすめ。

↑ LEVEL UP

ネイルは控えめにでもケアはしっかりと！

指先は書類を渡すときなどに、意外と見られている部分です。ネイルアートや派手な色のネイルは控え、地の爪の色に近いものを選び上品さを出しましょう。

 すれ違ったときにふわりと香るくらいが心地よい香り方です。少量を手首や耳の裏などの、体温が高く、太い血管がある部位につけると、脈打つたびに香りが広がります。

あいさつのしかた

☐ **ここが大事！**：自分をアピールすることより、謙虚な姿勢をアピール

あいさつの手順

1 立ち止まる

急いでいても立ち止まるのがマナー。ただし、緊急のときなどやむを得ない場合もあるので、状況に応じて臨機応変に。

✕ NG
- 声が小さい
- 目を合わせない
- ずっと目を合わせたままのあいさつ
- 頭を下げながらのあいさつ
- 何度も頭を下げる

2 あいさつする

「おはようございます」と明るくハキハキとあいさつします。社外の人には「お世話になっております」などと声をかけます。

3 お辞儀する

あいさつをしてから、お辞儀をします。背筋を伸ばし、首を動かさず腰から前傾させると、きれいなお辞儀に。

☑ ここも Check!

お辞儀には種類がある

会釈

同僚とすれ違うときなどに。上体を15度ほど曲げる軽いお辞儀。目線はつま先から2m先に。

敬礼

上司や来客へのあいさつなどに。上体を30度ほど曲げる一般的なお辞儀。首を曲げずに、気持ちを込めて美しく。

最敬礼

謝罪や感謝を伝えるときなどに。上体を45〜60度ほど曲げる丁寧なお辞儀。相手に対して心を込めます。

Q 深く謝罪するときはやっぱり土下座するべきなの？

基本的な自己紹介の手順

1 所属部署と名前を名乗る

「はじめまして。このたび営業２課に配属されました、田中太郎と申します」

配属された部署でのはじめての自己紹介なので、第一印象が大切です。明るく笑顔で、聞きとりやすい声で名乗ります。

2 出身地や趣味など人となりを伝える

「前の部署では営業をしていました。そこで培った忍耐力をこちらの部署の仕事でも活かしたいと思います」

たとえ以前の部署で成果を上げていたとしても、それはその部署の仕事における話です。スキルや実績よりも、素直で誠実、前向きな気持ちをアピールすると好印象です。

3 仕事に取り組む抱負で締める

「まだまだ若輩者ですが、持ち前のガッツでがんばりますので、ご指導くださいますようよろしくお願いします」

最後は配属された部署での展望や抱負を語り、謙虚な姿勢で締めます。

✓ここもCheck！

好印象を与えるコツ

・笑顔で相手の目を見る
・簡潔にすませる
・ハキハキとゆっくり話す

大勢の前で話すときも、できるだけ全員の顔を見渡しながら話します。仕事の時間をちょうだいして自己紹介しているので、だらだらと話さず、簡潔におさめます。

POINT

おすすめの話題

・趣味、特技
・出身地
・名前の由来
・長所や短所

✕ NG

- 自分のキャリアを自慢
- 笑いをとるため、くだけた話をする
- 長々と話す

↑LEVEL UP

印象を残すならこんな自己紹介も◎

▶配属されたことに感謝する

「こちらの部署の仕事には入社当時から憧れておりました」

相手の気持ちを持ち上げることも大切です。「前から配属されたかった」「仕事内容に憧れていた」など、いっしょに働けることへの感謝の気持ちを示します。

▶謙虚な姿勢をとる

「ご迷惑をおかけすることもあるかと思いますが～」

あまりにも自信満々な態度は、反感をかう可能性があります。とはいえ、「何もできないので、教えてください」というと人任せで甘えていると受け取られることも。

A　土下座は深い謝罪をあらわしますが、ビジネスシーンではやりすぎととられます。上体を90度傾ける最も丁寧で深い「拝」というお辞儀をすると、気持ちは伝わるでしょう。

日常のあいさつとマナー

☐ **ここが大事！**：時間帯や状況ごとのポイントをしっかり押さえる

場面	あいさつ
出社したとき	「おはようございます」
仕事中	「かしこまりました」
外出するとき	「行ってまいります」
帰社したとき	「ただいま戻りました」
外出する人へ	「行ってらっしゃい」
帰社した人へ	「おかえりなさい」
	「お疲れ様です」
退社する人へ	「お疲れ様でした」
退社するとき	「お先に失礼します」

☑ **ここもCheck!**

社外の人へのあいさつ

・相手が訪ねてきたとき
→「いらっしゃいませ」
・訪問先に入るとき
→「失礼いたします」
・お礼を言うとき
→「誠にありがとうございます」
・依頼を受けたとき
→「かしこまりました」

廊下でのあいさつ

▶ 端によけてからあいさつ

☑ **ここもCheck!**

来客案内中に上司が来たとき

自分が道を譲ると、後ろを歩くお客様も道を譲らなければいけなくなるので、たとえ相手が上司でも、譲らなくてOK。会釈するのみでかまいません。場合によっては、お客様を上司に紹介してもよいでしょう（くわしい案内のしかたはP.77参照）。

前方から人が来たら端によけます。上司やお客様とすれ違うときは、できれば一度立ち止まってあいさつします。上司と歩くときは、上司の1歩後ろを歩きます。目上の人が来たら、たとえ上司よりは目下の人であっても、自分だけ端によけて会釈を。

Q 目上の人に「ご苦労様」は失礼って本当？

エレベーターの手順

1 ドアを押さえる

お客様や上司といっしょにいて、来たエレベーターの中にだれもいない場合は、「失礼いたします」と断り、安全を確認するために先に乗ります。

2 乗る

操作盤の前に立ち、全員が乗り込んだらドアを閉めます。お客様や上司に背を向けないよう、背中をやや壁側に向けて立ちましょう。

3 操作する

開閉ボタンの操作をします。乗ってきた人に目的の階数を聞き、代わりにボタンを押してあげると気が利いています。

4 降りる

「開」ボタンを押したまま、もう一方の手でドアを押さえます。先にお客様や上司に降りてもらい、最後に自分が降ります。

✓ ここもCheck!

エレベーターの席次

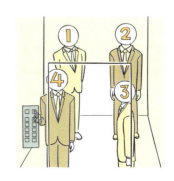

操作盤の前が下座です。左右に操作盤がある場合は、入って左側(中からドアを向いて右側)の操作盤の前が下座になります。

↑ LEVEL UP

人が乗っていたら自分はあとから乗る

片手でドアを押さえながら、お客様や上司に先に乗ってもらい、自分は最後に乗ります。

降り際に「閉」ボタンを

最後に自分が降りる際は、「閉」ボタンを押しながら降りると、中の人が押す手間がはぶけます。ただし、ドアに挟まれるなどの事故には注意して。

A 元来は立場の上下関係なく使っていた言葉ですが、時代とともに「目下の人に使う言葉」といわれるようになりました。気を悪くする人もいますので、使わないほうが無難でしょう。

シチュエーション別 あいさつのしかた

電車の中

ラッシュ時など、混雑しているときは目を合わせて会釈するのみでかまいません。

POINT
自分から積極的に声をかける

状況にかかわらず、あいさつは自分からするのが基本です。「おはようございます」「お疲れ様です」と元気よく声をかけましょう。

✕ NG
電車の中でも無視はダメ

就業時間外だからといって気がつかないふりはNG。目が合ったら会釈をし、混雑していた場合は電車を降りてからしっかりあいさつを。

通勤途中

おはようございます！

眠そうな顔や疲れた顔はせず、「おはようございます」と自分から声をかけます。

↑ LEVEL UP
追い越すときはひと声かけて

気がつかないふりをして追い越すと、相手は無視されたと感じます。追い越すときもしっかりあいさつし、足取りを速めて追い越しましょう。

☑ ここもCheck!
会社まで雑談するならこんな話題を

・健康、食事、天気の話
・今朝のニュースの話
・最近の仕事の調子　など

Q あいさつを無視する先輩がいます……

デスク

おはようございます

元気に声をかけます。あいさつされたら、かならず手を止め、相手と目を合わせてあいさつします。

> **↑LEVEL UP**
> **忙しそうなら あとであいさつを**
> 相手が電話対応中などで忙しそうなときは会釈ですませます。一段落したら改めてあいさつをしに行くと、丁寧な印象を与えられます。

トイレ

男性はトイレにいる時間も短いので会釈程度でもOK。女性は「お疲れ様です」と声をかけます。

> **×NG**
> **うわさ話や悪口**
> だれもいないと思ってうわさ話をしていたら、じつは個室の中に人がいた……。なんてことにならないように、聞かれると都合の悪い話はしてはいけません。
>
> **洗面台を占拠する**
> 女性はメイク直しなどで洗面台の鏡をよく使うと思いますが、長時間使っていると手洗いする人の迷惑になります。人が来たら譲るなどの気配りを。

エレベーター

可能であればあいさつを。混雑している場合は会釈のみでもよいでしょう。駆け込むのは迷惑になるのでNGです。

> **×NG**
> **機密事項は×**
> 本来は会話をしないのがマナー。エレベーターの沈黙は気になりがちですが、社外の人も乗っている可能性があるので、会話は避けるのが無難です。

A あいさつは気持ちを伝えるために行うこと。返事がなくても毎日欠かさず行いましょう。「○○さん、おはようございます」と名前を呼ぶと無視しづらくなるかも。

敬語の基本

☐ **ここが大事！**：意味を正しく理解して使い分けをマスターする

おもな敬語の種類

尊敬語 相手を高めることで、相手、または相手の行為や物事、状態を敬う言い方です。敬語の基本ともいえ、「お客様が」や「部長が」をつけると考えやすいでしょう。	①動詞＋〜れる（られる） 　例：話す→話される／行く→行かれる ②お（ご）＋動詞＋になる（なさる）・くださる 　例：持つ→お持ちになる／読む→お読みくださる ③特定の語を用いる 　例：食べる→召し上がる ④名詞に「お（ご）」をつける 　例：お名前、ご住所
謙譲語I 自分がへりくだることで、間接的に相手を立て、相手、または相手の行為や物事を敬う言い方です。謙譲語は2種に分けられ、こちらは動作の対象が敬うべき相手本人である場合です。	①動詞＋（させて）いただく 　例：教える→教えていただく ②動詞＋さしあげる 　例：連絡する→ご連絡さしあげる ③お（ご）＋動詞＋申し上げる 　例：見送る→お見送り申し上げる
謙譲語II 動作の対象が敬うべき相手本人ではない場合の謙譲語です。自分の行為や物事などを、敬うべき相手に対して丁寧に報告するときなどに使う敬語です。	①特定の形に変える 　例：言う→申す／行く→参る 「○○様の著書は以前拝読しました」
丁寧語 「です」「ます」「ございます」などをつけて丁寧な言葉遣いにすることで、話や文章の相手に対して敬意を示す敬語です。	①〜です、〜ます、〜ございますを文末に 　例：見る→見ます／行う→行います ②言葉を置き換える 　例：あれ→あちら／ちょっと→少々／じゃあ→では／さっき→先ほど／今日→本日／明日→みょうにち
美化語 物事を丁寧な言葉にすることで、相手への敬意を示す敬語です。	①お（ご）＋名詞 　例：答え→お答え／身体→お身体／息子→ご子息

Q 取引先に電話するときに「社長様」と言うのは正しい？

ビジネスでよく使う! 敬語早見表

動詞	尊敬語	謙譲語
言う	おっしゃる・のたまう	申す・申し上げる
する	なさる・される・あそばす	いたす・させていただく
いる	いらっしゃる・おいでになる	おる
聞く	聞かれる・お聞きになる	伺う・拝聴する
行く	行かれる・いらっしゃる	伺う・参る
来る	お越しになる・いらっしゃる	参る・伺う
帰る	帰られる・お帰りになる	失礼する・おいとまする
見る	ご覧になる	拝見する
会う	お会いになる	お目にかかる・お会いする
食べる	召し上がる	いただく・ちょうだいする
受ける	お受けになる	拝受する・いただく
知る	ご存じ	存じる・存じ上げる
わかる	おわかりになる	承知する・かしこまる
もらう	お受け取りになる・お納めになる	ちょうだいする・賜る

物や呼称の敬語表現

名詞	相手側	自分側
本人	あなた様・そちら様	わたくし・当方・こちら
会社	御社・貴社	弊社・当社・わたくしども
夫	だんな様・ご主人	主人・夫
妻	奥様	家内・妻
息子・娘	ご子息・ご息女	息子・娘
考え	ご意見・ご意向	私見
家	お住まい・ご自宅	拙宅・小宅
文書	ご書面	書面
同行者	お連れ様	同行の者

A 役職は敬語表現にしないのが正しい使い方なので、「社長の○○様」と言って呼び出します。メールや手紙などの文面でも、役職に「様」はつけません。

ビジネス会話の基本とコツ

☐ ここが大事！：ビジネス会話の意外な落とし穴に気をつける

使うと恥ずかしい！NG言葉

▶ら抜き言葉
× 食べれる　〇 食べられる
× 見れる　〇 見られる

動詞の可能形である「食べられる」「見られる」などから「ら」を抜いた誤用表現。使うだけで稚拙に見えるので、気をつけましょう。

▶二重敬語
× 課長がお召し上がりになられた
〇 課長が召し上がった

すでに尊敬語になっている「召し上がる」に「られる」がつくなど、敬語が2つ以上重なっている表現。昔はより丁寧な表現として用いられていましたが、現代では誤用となっているので注意。

▶身内敬語
× 佐々木課長はお帰りになられました
〇 佐々木は帰宅いたしました

社外の人に社内の人の話をするときは、身内の者も含めてへりくだる表現をします。役職は敬語的表現であるため、上司にも敬称は使いません。

▶あいまい言葉
× 今日中に完成させます
〇 本日の15時までに完成させます

「たぶん」「〜じゃないかと思うのですが」などのあいまいな表現は、ビジネスにおいてトラブルのもとです。「15時まで」などとはっきりと具体的に述べることが大切です。

▶アルバイト言葉
× こちらでよろしかったでしょうか
〇 こちらでよろしいでしょうか

飲食店などで耳にすることの多い表現ですが、「よろしい」を過去形にする必要はありません。同様に「〜のほう」「〜になります」といった表現もNGです。

▶若者言葉
× 私的にはこっちに賛成です
〇 私としてはこちらに賛成です

若者が使う言葉の中には、ビジネスに適さない言葉があります。「マジですか？」「〜っすか？」といった言葉も、不快に思われるため、使用は避けましょう。

Q 上司を褒めたいときは何と言えばいいの？

その他の間違いやすいNGフレーズ

×「今日は会社におられますか?」
「おる」は「いる」の謙譲語なので、「られる」という尊敬語といっしょに使うのは間違い。正しくは「いらっしゃいますか」。

×「お越しいただきありがとうございます」
「いただく」はへりくだって表現する謙譲語です。この場合、主語は相手なので正しくは「お越しくださり」。

×「佐々木様が参っています」
「参る」は「行く」「来る」の謙譲語なので相手の動作につけるのはNG。正しくは「いらっしゃっています」。

×「今行きます」
謙譲語として使うなら「行く」ではなく、「伺う」「参る」になります。また、ビジネスでは「ただいま伺います」と言うのが◎。

×「お世話様です」
意味は「お世話になっています」と同じですが、目下の人に使う表現です。目上の人に使うと失礼にあたるので注意。

×「素敵なオフィスでいらっしゃいますね」
物や動物、風景などには尊敬語を使わないのがルールです。正しくは「素敵なオフィスですね」。

×「田中様は存じております」
「存じる」は「知っている」の謙譲語ですが、人を知っている場合は「存じ上げる」を用います。正しくは、「田中様は存じ上げております」。

×「部長のお話、とても参考になります」
「参考にする」は「考える際の足しにする」という意味なので、目上の人に使うのは失礼。「勉強になります」と言いましょう。

これは知っておきたい! 便利なビジネスフレーズ

▶「お世話になっております」
あいさつやメールの文頭でよく使うフレーズです。「いつもお世話になっております」と言うとより丁寧さが増します。

▶「よろしいでしょうか」
「いいですか?」の言い換え表現で、決定事項を確認するときや、相手の都合を確認するときに使います。

▶「幸いです」
お願いするときに使います。「してください」だと強引に思われるので、「してくれたら幸せです」というニュアンスで表現します。

▶「差し支えなければ」
聞きづらいことを聞くときや、依頼するときに使います。相手にとって不都合なら拒否してもよいという意味があります。

▶「ご容赦ください」
容赦は、許すという意味。「至らぬ点もありましたが、何卒ご容赦ください」と、大目に見てくださいという意味で使います。

▶「ちょうだいいたします」
「もらう」の謙譲語です。相手の名刺を受け取るときなどに使います。ちなみに名前は「ちょうだいする」ではなく「伺う」が正解。

↑LEVEL UP

「すみません」を封印する

つい口にしてしまいますが、ビジネスでは「申し訳ありません」が正しい謝り方です。また、感謝の意味として使う人もいますが、感謝するときはしっかりと「ありがとうございます」と言うほうが好印象です。

A まず、目上の人を褒めること自体がおこがましいことであると心得て。「さすがですね」は上目線に聞こえるので、「感銘を受けました」などの気持ちを伝えましょう。

ビジネスメールの送り方

☐ ここが大事！：文章の中にも相手を気遣う工夫を

ビジネスメールの基本

▶メールですませられる内容かどうかを確かめる

文面だけで伝わる内容かチェックします。文面で説明できないような内容なら、電話や直接会って話すようにしましょう。急ぎの用件も電話のほうがよいでしょう。

▶宛先は間違っていないかを確認する

機密事項の誤送信は大きなトラブルのもとになるので注意します。また、複数の人がかかわっている案件であれば、送る相手はひとりでよいのか、一斉送信をするのがよいのかも確認しましょう。

▶送る前にメールを読み返す

誤字脱字はないか、説明は充分か、文面は読みやすいか、添付ファイルは忘れていないかなどをチェックします。

> **↑LEVEL UP**
> **「CC」と「BCC」を使い分ける**
> CC：この欄に入力した宛先にメールを同時送信します。全送信先のアドレスが表示されるので、受信者はほかの受信者のアドレスを知ることができます。
> BCC：CCと同様、複数人にメールを同時送信するときに使います。送信先のアドレスは表示されないので、送信先の中にアドレスを公表していない人がいる場合はこちらを使用します。

> **↑LEVEL UP**
> **記号を使って目立たせる**
> 日程の候補日など、複数の項目を書くときには文頭に「■」や「●」を使って箇条書きにすると文面の中で目立ち、見やすくなります。ただし、特殊な記号は文字化けする可能性があるのでNGです。

メールのメリット・デメリット

[メリット]
- いつでもどこでも送れる
- 送信履歴が証拠として残る
- 映像や画像を添付できる
- 海外にも送れる

[デメリット]
- 誤字脱字が起こりやすい
- 送信ミスが起こりやすい
- 感情が伝わりにくい
- セキュリティに欠ける

✓ここもCheck!

メールは感情が伝わりにくい

メールは文字だけのコミュニケーションであるため、感情が伝わりにくい手段です。丁寧な文章も、見方によっては冷たい印象を与えます。親しい関係なら語尾に「！」をつけるなどして、明るく親近感のある文面にするのも一案です。

Q ほかにも気をつけることはある？

ビジネスメールのコツ

▶宛先は「様」に注意
宛先は相手にも見えます。「様」をつけ直してアドレス帳に登録します。

▶一瞬でわかる件名を
件名のあとに会社名と名前を書くと、よりわかりやすくなります。重要な内容や緊急の用件のときは、冒頭に記すと、すぐに見てもらいやすくなります。

▶かならずあいさつを
定番は「いつもお世話になっております」。相手の名前を入れるとより丁寧な印象に。メールでは時候のあいさつは必要ありません。

▶本文は1行35文字まで
行頭はあけず、左端から書きます。簡潔で見やすい文章を心がけ、長くても1段落が5～6行に。日時や場所を知らせるときは箇条書きにすると、読みやすくなります。

▶かならず署名を入れる
相手がこちらの連絡先を確認しやすくなるので親切です。設定で登録しておくと、毎回打ち込む必要がなく便利です。

宛先：株式会社×× 佐々木様
CC：株式会社△△ 鈴木様
件名：【重要】11月11日の打ち合わせについて（株式会社○○・田中）

株式会社××
佐々木様

佐々木様、いつもお世話になっております。

株式会社○○の田中です。

早速本題に入り恐縮ですが、
○○プロジェクトに関する次回の打ち合わせの日程が決まりましたので、お知らせ申し上げます。

◆日程：11月11日（月）14：00～
◆場所：弊社2階会議室B

資料などはこちらで用意いたします。

お忙しいところ恐縮ですが、何卒よろしくお願い申し上げます。

― ― ― ― ― ― ― ― ― ― ― ―
株式会社○○
田中　太郎
〒○○○-○○○
東京都千代田区神保町○○-○○
TEL：○○-○○○○-○○○○
FAX：○○-○○○○-○○○○
Email：tanaka@kabusiki.co.jp

☑ここもCheck!
メールで使える! フレーズ集

書き出し：「はじめまして。突然のメールにて失礼いたします。私、株式会社○○の田中と申します」

「ご無沙汰しておりまして、失礼いたしました」

「日頃はたいへんお世話になっております」

導入：「さて、○○の件でございますが」

「先日、お話しした○○についてです」

「さて、早速で恐縮ですが、○○の件でご相談です」

締め：「お手数ですが、ご検討くださいますよう、お願い申し上げます」

「お手数をおかけしまして恐縮でございますが、何卒よろしくお願い申し上げます」

✕NG
- 全く改行がない
- 一文が長い
- 機種依存文字を使う
- 内容の要領をつかめない

A メール本文の形式に注意します。HTML形式とテキスト形式がありますが、HTML形式だと受信側のメールソフトによっては文字化けする可能性があるため、テキスト形式が無難。

状況別お手本メール

▶ 依頼する

さて、弊社ではただいま「ビジネスマナーの基本」という本を制作しております。
つきましては、「結婚の基本」で非常に可愛らしいイラストを描いていただいた前田様にイラスト制作をお願いしたいと思っております。

一度、お会いして詳しいお話をさせていただきたいと思うのですが、いかがでしょうか。

なお、面会日時は前田様のご都合を最優先いたしますので、ご予定をメールにてお知らせいただければ幸いです。

どうぞよろしくお願いいたします。

> **POINT**
> **内容は具体的に**
> 依頼内容を具体的に書くと、相手が回答しやすくなります。ただ、長文になると威圧感を与えるため、詳細内容は別途資料にまとめ、添付して送るとよいでしょう。その人に依頼する理由や、相手の利益なども提示すると、効果大です。

▶ 謝罪する

○月○日までに納品するとお約束していた「ラッコチョコレート」ですが、納期が遅れておりまして誠に申し訳ございません。
御社に多大なご迷惑をおかけしておりますことを、謹んでお詫び申し上げます。

今回の納期が遅れた原因は、
弊社内部の事務手続きの不手際によるものであることが判明いたしました。
御社には遅くとも○月○日午前中までには、お届けできる予定です。

今後はこのようなことのないよう、より一層の注意をいたす所存です。
メールにて恐縮ですが、取り急ぎお詫び申し上げます。

> **↑ LEVEL UP**
> **まずは電話で謝罪を!**
> 相手が不在で直接謝れなかったときにメールを送ります。その際も相手に「いきなりメールで謝ってきた」と思われないように「ご不在のようですので、メールで失礼いたします」と前置きすることが大切です。

▶ お礼する

本日はお忙しいなか、貴重なお時間を割いていただき、誠にありがとうございました。

長時間の打ち合わせではございましたが、たいへん有意義な時間になったことと存じます。

とくに○○様にいただいた××というアイデアは、今後商品を作成するうえでの大きなカギとなりそうです。
おかげさまで、良い商品がつくれそうです。

今後ともどうぞよろしくお願いいたします。

> **POINT**
> **ほかの内容は書かない**
> ほかの内容を書くと、お礼がついでのように思われてしまいます。感謝の気持ちを、誠意をもって伝えるようにしましょう。また、お礼のメールは当日、遅くても翌日には送ります。

▶ 催促する

さて、○月○日にメールにて見積書を送らせていただきましたが、まだ返信をいただけていないようです。

弊社のメールサーバーの調子が思わしくなく、もしかすると佐藤様へお送りしたメールもお届けできていないのではないかと思い、再度メールを送らせていただきました。

お忙しいところ恐縮ですが、○月○日 17時までにご返信を賜りますと幸いです。

何卒よろしくお願いいたします。

> **× NG**
> **直接的な表現を使う**
> - どうなっていますか
> - まだですか
> - 急いでください
> - お忘れでしょうか

Q 顔文字や「(笑)」は使ってもいいの?

返信のコツ

▶返事はなるべく早く送る
受け取ったらできるだけすみやかに返事を送ります。受信してから2日以上たってしまったら「ご返信が遅くなり、誠に申し訳ありません」と、ひと言お詫びします。

▶引用は必要な部分だけに
引用を使うと、相手から届いたメールの内容を、こちらからの返信メールに利用できます。多用すると読みづらくなるので、引用は必要な部分だけにしましょう。

▶件名は変更しない
メールの話題が変わっていなければ、件名を変更する必要はありません。ただし、途中で話題が変わったときは、相手がそのメール内容をひと目で理解したり、検索しやすくするためにも件名を変えるべきです。

> ☑ ここも**Check!**
> **転送の注意点**
> 件名に「Fw:」とつき、ひと目で「転送メール」とわかるので件名は変えないように。本文冒頭にはだれからのメールをどのような意図で転送したのかを書きます。

> ✕ NG
> **件名は簡潔にわかりやすく**
> 以下のような件名はNGです。
> - 「こんにちは」「ありがとうございます」などあいさつだけ
> - 長すぎてひと目で理解できない
> - 空欄のまま

ここが知りたい! メールの疑問

Q 件名のRe:は消すべき?
A 同じ話題が続いていれば消す必要はありません。ただ、「Re:」の数が多くなると件名が見づらくなるので、ひとつに整理します。

Q 返信がなかなかこないときは?
A 業務の進行にかかわる場合は、1日たったら連絡を。その際は「こちらの勝手で申し訳なく存じます」と、相手を責めないような工夫を。

Q メールを間違って送ってしまったら?
A 他人に伝わると問題がある内容なら、相手に電話をしてお詫びし、削除してもらいます。それ以外なら、メールで誤送信を詫び、削除をお願いします。

Q メールを見てもらいやすい時間帯は?
A 朝や午後のはじめなど、相手がメールチェックをする時間帯をねらうと早く見てもらえるでしょう。ただし、緊急の用件はメールのあとに電話でも伝えると安心です。

Q 大容量のデータを送りたいときは?
A Eメールソフトによっては、添付データのサイズが大きいと、受信ができないことがあります。相手に環境を聞き、圧縮して送ったりネットのファイル転送サービスを使ったりします。

Q 複数の用件があるときは?
A 「メール1通につき用件はひとつ」というのが基本です。返信を求める用件が複数ある場合は、それぞれ分け、件名にその内容を書いて送ると、あとで検索しやすくなります。

A ビジネスメールでは**不適切**です。**印象をやわらかくしたいなら、文章を工夫しましょう。**
許してくれるような親しい相手なら問題ありませんが、**目上の方にはNG**です。

できる人の話し方

☐ **ここが大事！**：相手の気持ちを考えながら話すクセをつけよう

好感をもたれる話し方のコツ

▶ゴールを考えて話す

けっきょく何が言いたいのかわからず、相手をイライラさせないように、自分で理解し、目的をもって話しましょう。5W3Hをふまえて説明すると、伝わりやすくなります。

POINT
語尾ははっきりと
「○○だと思います」「○○かもしれませんが……」などと、語尾があいまいだと頼りない印象に。「○○です」とはっきり言い切るよう心がけましょう。

▶声のトーンや表情にも気を遣う

だるそうな声や無表情では、どんな会話も台無しです。笑顔で明るいトーンを心がけます。ただ重要な内容や謝罪のときなどは、ヘラヘラしないよう気をつけます。

▶話すスピードにも気を配る

早口はいけないといわれますが、忙しそうな相手に対して、丁寧に話しすぎると、相手を苛立たせてしまうことも。相手や状況に応じてテンポを調整しましょう。

↑LEVEL UP
指摘するときは「上げて落とす」

相手のマイナス点を指摘する際は、「褒める→指摘→励まし」の順番が効果的です。そうすることで相手は、「ここを改善すればさらに評価してもらえるかも」とやる気になるでしょう。

例
「○○くんはいつもがんばりが見えるね。ただ、最近報告漏れが多いから気をつけてね。期待しているから、がんばって！」

✗NG
- 声が小さい
- 話の要領がつかめない
- 表現が回りくどい
- だらだらと話す
- 否定的な意見ばかり言う
- 髪の毛をいじりながら話す

Q 焦ると会話がしどろもどろになるけどどうすればいい？

会話上手な人の話し方

相手「今日のランチ、A店に行かない？」
自分「A店か、あそこおいしいよね！　でもけっこう並ぶよね？」
相手「人気店だからね。15分くらい並ぶかな。」
自分「そうかー。じつは今日ちょっと忙しくて、手短にすませたいんだよね」
相手「そうなんだ。じゃあどこにしようか？」
自分「近場のB店はどうかな？」
相手「B店か〜、私行ったことないんだ」
自分「あそこはA店より味は劣るけど、とても安いって評判だよ」
相手「そうなんだ！私も今月厳しいし、それならB店にしようか」

POINT

頭ごなしに否定しない

相手の要望をストレートに「できない」「無理」などと否定すると、相手は心の扉を閉じてしまいます。一度は受け止めて。

否定したら代替案を出す

否定する際は、かならず理由と双方の希望を満たす代替案を述べましょう。理由もなくただ否定するだけでは、ただの「わがまま」です。

↑LEVEL UP

マイナス・プラス話法

会話では、最新の情報が強く頭に残るものです。先にマイナスの情報を伝え、「しかし」とプラスの情報で補うようにすると、相手も「それなら……」という気持ちになります。

クッション言葉を活用する

頼　　　む	「お手数おかけしますが」「お忙しいところ、申し訳ありませんが」 「恐れ入りますが」「差し支えなければ」 「お手をわずらわせ、申し訳なく存じますが」
断　　　る	「残念ながら」「お気持ちはありがたいのですが」 「身に余るお話ですが」「あいにくですが」 「申し訳ございませんが」「せっかくのご提案で心苦しく存じますが」
反論する	「たしかにそのとおりでございますが」「失礼とは存じますが」 「ご意見なるほどと拝聴いたしました。しかしながら」 「おっしゃることは理解できますが」
その他	「失礼ですが」「お忙しいところ申し訳ありませんが」 「誠に恐縮ですが」「恐れ入りますが」「できましたら」

A 会話で大事なのは量ではなく内容。焦らずに、じっくり考えて整理してから話しましょう。沈黙が怖いなら、「少しお時間をいただいてもよろしいでしょうか」と前置きを。

できる人の聞き方

☐ ここが大事！：受け身の姿勢ではなく積極的に聞こう

印象のよい聞き方のコツ

▶正しいあいづちを打つ

「この人は私の話をちゃんと聞いている」と思わせる大きなポイント。同じトーンのあいづちを続けると聞き流しているように見えるので、適切なあいづちを打つことが大切です。

▶話を遮らない

相手の話は最後まで聞くのがマナーです。途中で「それって○○ですよね？」などと遮ってしまうと、相手は気分を害してしまいます。相手の話題は「聞く8割、話す2割」が基本です。

▶興味を示す表情を

無表情だったり視線が定まっていなかったりすると、相手の話したい気持ちは下がります。目を見てうなずきながら、話に興味を示している表情で聞きましょう。

POINT
相手の気持ちになって聞く
相手の話題を自分に置き換えて聞いてしまっている人がいます。そこから「自分の場合は〜」と話しだすと、相手の話の腰を折ってしまうので、注意しましょう。

↑LEVEL UP
メモはここぞというときに
メモをとりながらあいづちを打ったり返事をしたりする人がいますが、反応するときはかならず相手に視線を向けるようにします。また、「なるほど！」などと感嘆を受けた様子でメモをとると、相手も気分がよくなるでしょう。

✕NG
- 髪の毛をいじるなどのクセがある
- ペン回しをする
- 貧乏ゆすりをする
- 携帯電話やパソコンを見て別のことをしている
- 知ったかぶりをする
- 自分から掘り下げしようとしない

Q 相手に相談を受けたときの聞き方は？

覚えておきたいあいづち

相手をのせる
- 「そうなんですか!」
- 「すばらしいですね」
- 「驚きました」

共感する
- 「私もそう思います」
- 「同感です」
- 「そうですね」

話題を変える
- 「少々話は変わりますが」
- 「そういえば」
- 「ところで」

掘り下げる
- 「ということは」
- 「それからどうなったのですか」
- 「というと、具体的には」

✕NG
相手を軽んじるあいづちは✕
- なるほど〜
- へぇ〜
- ですよね〜
- やっぱりね〜

↑LEVEL UP

相手が話したがっている話題にふれてあげよう

会話というものは、どちらかが一方的に話すだけでは成立しません。相手が話したがっていることを引き出し、誘導してあげるのも、聞き手の役割です。

▶OK例

自分「先週の休日は何をしていたの?」
相手「先週は友達と水族館に行ったんだ。リニューアル後でとても人が多くて、入場まで2時間も並んだよ」
自分「2時間も!? それはたいへんだったね。どう? 楽しかった?」
相手「とてもよかったよ。2時間ごとにアシカショーをやっているんだけど、それがとくによくて、2回も見ちゃったよ」
自分「2回も見るなんて、そんなによかったんだね。珍しい生き物なんかもいたの?」
相手「いたいた! いろいろいたけど、なかでもチンアナゴは可愛くてよかったね。チンアナゴって知ってる?」
自分「聞いたことはあるけど見たことはないな。どんな生き物なの?」
相手「それがね、海底からピョコッと顔を出している可愛い魚なんだ」

▶NG例

自分「先週の休日は何をしていたの?」
相手「先週は友達と水族館に行ったんだ。リニューアル後でとても人が多くて、入場まで2時間も並んだよ」
自分「そうなんだ。僕は友達とテニスをしていたよ」
相手「テニスをしたんだね。それでね、水族館ではアシカショーをやっていたんだけど、それがとくによくて、2回も見ちゃったよ」
自分「へ〜。でも夏はやっぱりスポーツだね。テニスはしたことある?」
相手「いや……。テニスはしたことないな」
自分「そうなの!? テニスはいいよ〜。全身使ってできるから爽快感があるし、初心者用なら道具も格安でそろえられるしね。ちなみに僕のおすすめ練習場はね……」
相手(そっちから聞いてきたのに、こっちの話には興味なしか……)

A 相手の話を聞いて、親身に考えてあげるのが基本です、個人差はありますが、悩みに対して一般的に男性は解決策を、女性は共感を求めると言われています。

先輩社員には聞きにくい！ホンネの悩み

Q1 何時に出社するべき?

A 業務開始10～15分前には、席に着いているようにします。職場にもよりますが、到着したらデスクを拭いたり、メールチェックやスケジュールの確認をし、業務に備えます。雑誌を読むなど、仕事に関係のないことを席でするのはNG。

Q2 先輩より先に帰宅してもいい?

A 本来仕事は就業時間内に終わらせるものであり、つき合い残業をする必要はありません。「お先に失礼いたします」とあいさつして帰ってもかまいません。ただし、忙しそうな人には「何かお手伝いすることはありますか？」と声をかける気遣いは大切です。

Q3 どうしても残業したくないときは?

A 「申し訳ありませんが本日は用事があるので、これで失礼させていただきたく存じます。明日早く出社して取り組むことで、間に合いますでしょうか」などと代替案を出します。事前に伝えておくと上司も部署の予定を立てやすくなるので気が利いています。

Q4 社内の人をあだ名で呼んでもいい?

A あだ名や呼び捨てで呼ぶ会社もありますが、来客の前では好ましくありません。一般的なビジネスシーンにおいては、「くん」や「ちゃん」などは控え、「さん」をつけて呼ぶようにしましょう。後輩に対しても同様です。

Q5 たばこ休憩って行ってもいいの?

A 非喫煙者からすると、さぼりだと思うこともあるので、1日に何度も行くのはやめましょう。1日数回にし、1回5分程度で戻ります。戻る際は、消臭対策も忘れずに。また、だれが見ているかわからないので、喫煙所での表情や態度にも気をつけて。

Q6 有給休暇って使ってもいいの?

A もちろん問題ありませんが、できれば業務に支障が出ないよう、スケジュールを見て判断します。また、周囲に迷惑がかかるため、繁忙期に休むのは控えたほうが無難。長期休暇をとる場合は、自社の規定に従って申請し、周囲にも伝えておきます。

Q お金の貸し借りはしていいの？　»

Q7 仕事がわからないときはだれかに聞いてもいいの?

A 何でもすぐ聞いてしまうのは、自分の成長のためにもよくありませんが、若手のうちはわからないことがあって当然です。自分で考えた結果を、仕事を指示した上司や先輩に相談し、指示を仰ぎましょう。

Q8 社内恋愛はいけないこと?

A いけないことではありませんが、けじめが大切です。就業時間内はあくまで同僚として接しましょう。オフィス内でベタベタしたり、私情を仕事に持ち込んだりするのは周りに迷惑となるのでNGです。

Q9 新人のうちは何をすればいいの?

A 雑用を任せられることも多いと思いますが、そこから学びとることが大事です。電話を積極的にとり、社外との関係を学んだり、指示の理由や目的を理解し、改善策を考えたりするなどの姿勢はよい評価につながります。

Q10 デスクに私物を置いてもいい?

A デスクは会社の所有物なので、基本的に私物は置かないと心得ておきましょう。できる人の頭、心、デスクはいつも整理整頓されています。デスク周りには必要最低限のものだけ置き、スムーズに仕事が進むようにしておきましょう。

Q11 同僚に妬まれたらどうすればいいの?

A 感情的にならず、悪口や陰口は気にせず聞き流しましょう。仕事をするための職場ですから、仕事に打ち込むことが大切です。その姿を見た人は、かならずあなたを高く評価してくれることでしょう。

Q12 仕事が楽しくないけどどうすればいい?

A 単調作業が原因なら「いつもは20分かかる作業を15分で終わらせる」と目標を決めることで、楽しんで取り組むことができます。先輩や上司に何をモチベーションにしているか、相談するのも◎。

A トラブルにつながるため、基本的にはNG。1,000円以下なら、戻ってこなくてもいいという気持ちで。金銭トラブルで仕事や人間関係に悪影響を及ぼすことは避けましょう。

じつは嫌われている！その行動

フロア

私用電話をする
会社の固定電話の料金は会社が負担しているものなので非常識と評価されます。

デスクで飲食をする
強いにおいや飲食の音は周囲を不快にするので控える配慮が必要です。

キーボードを打つ音が大きい
本人は気にならなくても周囲は業務に集中できないため、迷惑です。

足を組んで座る
だらしなく見えるうえに、相手を見下しているような印象になります。

ため息が多い
ため息は周囲の人の耳障りになるだけでなく、士気を下げます。

貧乏ゆすりをする
隣席の人にとっては気になるだけでなく、仕事に集中して取り組んでいるようにも見えないので注意。

騒がしくおしゃべり
仕事中の私語は周囲の迷惑なので、雑談は控えめに。

Q 自分の携帯電話は机の上に置いていていいの？

廊下

- 足音がバタバタとうるさい
- 廊下の真ん中を歩く
- 走る
- 道を譲らない
- 肩をいからせて歩く

移動中

- 上司の前を歩く
- 上司より先に電車や車に乗る
- 自分のペースで歩く
- 電車や新幹線で勝手に寝る
- 同行者がいるのに携帯電話をいじる

ランチ

- くちゃくちゃと音を立てて食べる
- 口の中に物を入れたまま話す
- においが強いものをデスクで食べる
- こぼれやすいものを食べてデスクを汚す
- 食べながら携帯電話をいじる

その他

- 歩きながら携帯電話をいじる
- 電車内で化粧をする
- 給湯室で長時間おしゃべり
- ネームプレートをつけたまま帰宅する
- 公共施設内で大声で話す

A 携帯電話は私物なので、机の上には出さず、かばんの中にしまっておくのがマナーです。会社から配布された携帯電話であれば出しておいてもよいでしょう。

できる人の整理術

☐ **ここが大事！**：資料検索の時間は無駄時間と考える

デスク整理のコツ

[NG]

ファイルが積み重なっている
崩れる危険性がありますし、重要書類が下敷きになっていたらトラブルにも繋がります。

資料が散乱
資料を探す時間はとくに無駄な時間です。また、書類をそのままの状態で置いておくと、汚れたり紛失したりする危険も。

ゴミがある
重要な資料を汚してしまう危険性があります。あとで掃除する時間ももったいないので、ゴミはかならずゴミ箱に捨てます。

▶使ったら元に戻す
きれいに片づけても、使ったまま放置しているとすぐに散乱してしまいます。使ったらすぐにしまう習慣を身につけましょう。また、社内資料など他人も見るものは返却しないと迷惑になるので注意します。

▶机の上に置くものは最少に
必要なものだけを置くようにします。そのときの業務に関係ないものは保存したり処分したりして、ものを増やさない努力を。

▶置く場所を決める
ものの置き場所を決めれば使用後に元の位置に戻すだけですみます。引き出しの1段目は文房具、2段目は書類などと分類し、ジャンルごとにファイルを用意するなどすると整理しやすいでしょう。

POINT
仕事の前かあとにデスクをリセット
時間を決めてデスクをきれいにする習慣をつけます。始業後や就業後の時間を使えば、毎日整理整頓されたデスクで仕事を始められます。勤務時間内にするかどうかは、自社の規定に従いましょう。

↑LEVEL UP
片づけるものは一度外に出す
引き出しの中やデスクの上のものをすべて段ボール箱などに入れて、机を空にします。机や引き出しを拭いてきれいにしたら、出したものをひとつずつ必要か不要か分類し、引き出しやデスクの上に収めていきます。

Q 財布はどうやって整理すればいいの？

ファイリングのコツ

▶不要なものは捨てる
保管期間が決まっているものや、共有で保存している書類以外は、過去3年間を目安として、未使用分は処分してもよいでしょう。判断がむずかしいときは、上司や先輩に相談を。

▶分類してまとめる
書類の内容ごとに大きく分類し、いくつかの分類ができたらさらに細かく分類してまとめます。さまざまな分類方法があるので最適なものを選びます。

▶わかりやすい見出しを
だれが見ても判別できる見出しをつけます。「重要書類」「その他」など、抽象的であいまいな見出しは混乱を招くので具体的でわかりやすい見出しをつけます。

↑LEVEL UP

保存期間を決める
会社で共有している書類以外は、自分のなかで保存期間を決めてファイリングするとスムーズに仕分けができます。その際、ファイル管理表をつくってそれぞれの保存期間を記しておくと便利です。

POINT

分類方法の例
・取引先別(「A社」「B社」など)
・テーマ別(「採用」「会議」など)
・題名別(「伝票」「報告書」など)
・案件別(「○○プロジェクト」など)

デスクトップ整理のコツ

▶フォルダはツリー構造に
ツリー構造で管理すると整理しやすいでしょう。ただし、あまりにも階層を深くしすぎるとファイルを開くまでに手間がかかるので、3～5階層程度に抑えます。

▶作業中・一時保管フォルダをつくる
翌日も作業を継続するファイルは作業中フォルダに入れます。一定期間後に削除するデータは、一時保管フォルダに入れると、整理され検索も楽になります。

▶ファイル名には日付を
「○○案件見積り最新版」では後にわかりにくくなります。「○○案件見積2015l204」と日付をつけて、どれが最新版なのかや、経過がわかりやすいようにしましょう。

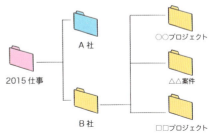

☑ここもCheck!

できる人はかばんもスッキリ!
・書類はファイルに入れる
・シワや折り目がつかないよう、ハードケースに入れる
・定位置を決める

複数の取引先があるときは、取引先別にファイルを分けます。また、かばんの中で定位置を決めればすぐに取り出せます。

A 財布が汚いとお金が貯まりにくいともいいます。カード類は使用頻度の高いもののみを入れ、ほかは別の場所で保管を。レシートは日々整理し、財布の中をスッキリさせましょう。

column 1

できる人は知っている！ スケジュールの立て方

スケジュール組み4つのコツ

▶やるべきことをすべて書き出す

「何から手をつけていいのかわからない」と思ったら、その日にやらなければいけないことをすべて書く「TODO」リストをつくります。終わった作業からチェックをつけ、進捗の管理をしましょう。

POINT
細かいことでもしっかり書き出す

かんたんな作業ほど、忘れてしまうものです。「取引先にメールを返信する」「上司に報告書を提出する」など、すぐ終わるようなこともすべて書き出し、漏れを防ぎましょう。

▶優先順位をつける

紙に書き出した業務に優先順位をつけ、とりかかる順番を考えます。その日のうちにやらなければいけない重要な業務など、緊急性の高い業務とそうではない業務を明確に分類して、判断します。

ここもCheck!

仕事4つの区分

A	B
緊急かつ重要	緊急ではないが重要
C	D
緊急だが重要ではない	緊急ではなく重要でもない

業務の内容は、おもに以上の4つに分けられます。最優先すべきはAの項目です。その次はCを優先すべきですが、Bを先送りしないことも大事です。

▶所要時間も設定し書き出す

業務ごとにかかる時間を予想します。合計の所要時間を見て、その日にできる業務の量と内容を判断します。作業開始後も、予想した所要時間と実際にかかっている時間を比較し、進捗を管理するとよいでしょう。

▶報告、相談の期限を決める

ひとりで抱え込んでがんばっても、期限内に終わらなければ意味がありません。「この時期までに○○ができていなかったら相談」と期限を決め、先輩や上司に適宜報告、相談を。

↑LEVEL UP

先輩にスケジュールをチェックしてもらう

仕事に慣れないうちは、なかなか効率よく業務をこなせないものです。これらのコツをもとに立てたスケジュールを、毎朝先輩に見せ、アドバイスをもらいましょう。もちろん、先輩への感謝の気持ちと「ありがとうございます」などのお礼は忘れずに。

2章

Chapter 2

電話対応の基本とコツ

電話のかけ方

☐ ここが大事！：相手の時間を奪っているということを自覚する

かけるときの基本

▶かける時間帯を考える

始業直後や終業直前などの忙しい時間帯、昼休みなどの相手が外出している確率の高い時間帯は避けます。飲食店にかける場合は、ランチやディナータイムは忙しいのでNGです。

▶かける目的を整理する

話の目的がわからないと、相手は困惑してしまいます。どんな目的で、何を相手に伝えたいかを明確にしておきます。5W3H（P.63参照）を意識して、話す内容をメモしておくと、伝え漏れの心配がありません。話すべき内容が複数ある場合は、話す順番も事前に決めておきましょう。

▶電話でよい内容か確かめる

電話では、意図が完璧に伝わらなかったり、内容を聞き間違えたりすることもあります。複雑な内容や大切な案件は電話ですませず、会って直接話しましょう。また、返事がいらないかんたんな連絡などはメールでもよいでしょう。

> **POINT**
> **業界ごとの休みにも注意**
> 業種によっては、平日が休業日の会社もあります。たとえば、住宅メーカーは火曜日、不動産会社は水曜日が休業の会社が多いなど、取り引きのある業界のルールを把握しておくとよいでしょう。

> **↑LEVEL UP**
> **電話であっても油断しない**
> 電話では表情は伝わりませんが、だらけた態度や表情は声色で伝わってしまうものです。電話で会話するときも、笑顔とよい姿勢は意識しましょう。電話中の表情や態度には充分に注意しましょう。

> **✕NG**
> - 声が小さい
> - 相手の名前や会社名を間違える
> - 早口で聞き取れない
> - 声に覇気がない
> - ながら電話をする

Q 電話が思いのほか長引いて、次の予定が迫ってきたらどうする？

電話をかける手順

1 名乗ってあいさつをする

「株式会社○○の加藤と申します。いつもお世話になっております」

先にあいさつをする人もいますが、だれだかわからない人からあいさつされても相手は困るので、先に名乗りましょう。

✓ ここもCheck!

かける前にしっかり準備を

- ・メモとペン
- ・資料
- ・手帳やカレンダー
- ・相手の役職などを確認できるもの

2 相手を呼び出す

「恐れ入りますが、営業部の大澤様をお願いできますでしょうか」

呼び出したい相手の名前を伝え、取り次いでもらいます。直通電話ではない場合は、部署名も忘れずにつけ加える配慮を。

POINT

クッション言葉で気遣う

電話に出た相手の時間を奪っているという意識をもって、「恐れ入りますが」「お手数ですが」などのクッション言葉を使うと好印象です。

用件の数と所要時間を告げる

取り次いだ相手が出たら、「2点ほどご相談したいことがありまして、10分ほどお時間よろしいでしょうか」と最初に伝えると、相手は今対応可能かどうかの判断ができるので親切です。

3 再びあいさつして相手の都合を聞く

「株式会社○○の加藤です。いつもお世話になっております。ただいま、お時間よろしいでしょうか」

相手も仕事中なので、用件に入る前に、今電話で話をする時間があるかどうかを確認します。

4 本題に入る

「ありがとうございます。先日、打ち合わせをした○○の件で……」

最初に何についての話かを伝え、できるだけ簡潔に話すように意識します。電話では雑談から入る必要はありません。

↑ LEVEL UP

最後に内容確認を

「では、次の打ち合わせは11月2日の15時から弊社でということで……」などと、最後に要点を確認すると、思い違いを防げます。しっかりメモをとることも忘れずに。

5 あいさつをして電話を切る

「それでは失礼いたします」

電話を切る際は、指でそっとフックを押し、「ガチャン」という音が出ないようにします。かけた側から電話を切るのがマナーです。相手によっては、用件がすんだあとで、軽い雑談であればしてもよいですが、基本的にビジネス電話での雑談は不要です。

カチャ

A 「たいへん申し訳ありませんが、いったん、ここまでとさせていただきまして」と区切る旨を伝え、「またお電話可能でしょうか?」と、再び電話をする意志を伝えます。

シチュエーション別 電話のかけ方

相手が不在

1 戻り時刻を確認

「何時ごろにお戻りになりますでしょうか」
相手が不在時の対応は、相手の戻り時間や用件の緊急度によって変わります。まずは相手が戻る時間を確認しましょう。

2 緊急度に応じて対処法を選ぶ

 緊急度 低　あとでかけ直す

「後ほど改めてお電話差し上げます」
緊急度が低い用件であり、相手が戻ってくる時間がそれほど遅くなければ、その時間にこちらからまたかけ直します。先方から聞いた戻り時間の5〜10分後くらいにかけ直すとよいでしょう。

 緊急度 低　伝言をお願いする

「恐れ入りますが、ご伝言をお願いしてもよろしいでしょうか」
相手に伝わればすむ内容であれば、取り次いだ人に伝言を頼みます。後々のトラブルを避けるため、伝言をお願いした人の名前も確認します。

 緊急度 中　折り返し電話をもらう

「お手数ですが、○○様がお戻りになりましたら折り返しお電話いただけますか」
何度かけても相手が不在のときや、できるだけ早く連絡がほしいときは、こちらの番号を伝え、相手が戻り次第、電話をしてもらうようお願いします。

POINT
かけた相手がかけ直すのがマナー

緊急の用件や、相手が忙しくてなかなか時間が合わないなどの場合を除き、基本的にはこちらからかけ直すのがマナーです。「戻り次第、こちらから折り返しましょうか」と提案されても、「お手数ですので、こちらからお電話させていただきます」と断ります。

 緊急度 高　わかる人を探す

「○○の件なのですが、ほかにおわかりになる方はいらっしゃいますか？」
すぐに確認がとれないと困るときは、その内容がわかるほかの人を探します。その際は対応してくれた人の名前を聞き、後日、本来の担当者にその旨を伝えます。

 緊急度 高　連絡をとってもらう

「申し訳ありませんが、緊急の用件でしてご連絡をとることはできますでしょうか」
ほかにわかる人がいない場合は、担当者に連絡をとってもらいます。連絡は相手の会社の人にしてもらい、相手から折り返し電話をもらえるようお願いします。

Q 間違った内容を伝えたことに電話を切ってから気づいたら？

相手が忙しそう

「かけ直しますので、よろしければご都合のよいお時間を教えていただいてもよろしいでしょうか」

電話に出た相手が急いでいる様子であれば、改めて電話をしましょう。都合のよい時間帯を教えてもらい、かけ直します。

初めての相手に電話

「こちら〇〇様のお電話で間違いないでしょうか？」
「突然のお電話で失礼いたします」

初めての相手に電話をかけるときは、名乗ったあとに相手の名前を確認したうえで、突然連絡したことを詫びます。

担当者がわからない

「〇〇の件で伺いたいのですが、ご担当者様はいらっしゃいますでしょうか」

会社名と名前を名乗ったうえで、何について聞きたいのかを最初にしっかり伝え、担当者を探してもらいます。

POINT
担当者の名前を控える

同じ人を何度も探してもらうのは失礼に。かならず名前を控えておきましょう。

番号を間違えた

「申し訳ございません、番号を間違えました」

最近では、相手の電話にこちらの番号が表示される電話も増えており、後にクレームに繋がることもあります。最初に相手の番号を確認し、間違っていた場合は丁寧に謝ったうえで、電話を切ります。

✓ ここもCheck!

留守番電話につながったら

1 手短に自己紹介
「〇〇様のお電話で間違いないでしょうか」
念のため相手の確認をしてから、会社名と名前を名乗ります。相手が聞き取りやすいよう、ハキハキと話します。

2 用件の概要を伝える
「〇〇の件でご相談したいことがあり、ご連絡しました」
簡潔にわかりやすく話します。用件を伝えず「また電話します」というメッセージだけ残すと、相手に何の用件か気をもませてしまうので気をつけましょう。

POINT
これを伝えよう
・相手の確認
・自分の所属と名前
・用件
・対処法
・自分の連絡先

3 対処法を告げる
「お時間のあるときに、お電話いただけますでしょうか」
原則こちらから再度かけ直しますが、急ぎの場合は自分の連絡先を告げ、折り返しの連絡をお願いします。

A すぐにかけ直し、「たびたび申し訳ありません」と詫びたうえで訂正事項を伝えます。緊急度が低ければメールで伝えても OK です。

Chapter2 電話対応の基本とコツ

電話の受け方

☐ ここが大事！： 会社の代表として電話を受けていることをつねに頭に

受けるときの基本

▶2コール以内に出る
電話が鳴ったらすばやくとります。3コール以上鳴ったら「お待たせいたしました」、5コール以上では「たいへんお待たせいたしました」と言って出ます。

▶手元にメモを用意
かならずメモとペンを準備して出ます。相手の会社名は、伝言を頼まれてから聞き返すことのないよう、最初に聞いたときにメモしましょう。

▶利き手と逆の手でとる
利き手はあけ、メモをとれるようにします。電話を首に挟んでパソコンを操作しながらなどの会話は、たとえ見えていなくても声色で態度が伝わるため、NGです。

> **POINT**
> **電話をとることのメリット**
> 電話に慣れるということ以外にも、電話を積極的にとる姿勢は高評価を得られるというメリットがあります。また、取り次ぐ機会を増やして取引先に名前を覚えてもらえば、今後自分がやりとりする際にスムーズに進められます。

↑LEVEL UP
第一声は「ソ」の音で
電話を受けるときに、相手の印象を左右するのは第一声です。電話では多少声がこもるため、いつもより明るく、少し高めの声を意識しましょう。ドレミの「ソ」の高さくらいで話すとよいでしょう。

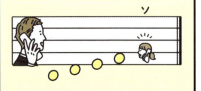

✕NG
NGな第一声

「はい」のみ
こちらがだれかということを名乗らないと、相手は番号を間違えたかと思ってしまいます。かならず最初に社名と名前を名乗りましょう。

「もしもし」
「もしもし」は「申す申す」から派生した言葉です。これは目上から目下への言葉であるため、ビジネスシーンでは控えます。

Q はじめての相手でも「お世話になっております」とあいさつするの？ »

電話を受ける手順

1 元気よく名乗る
「はい、株式会社〇〇です」
朝10時半までは「おはようございます、株式会社〇〇です」と出ます。相手に好印象を与えるため、声のトーンに気をつけましょう。

2 あいさつをする
「いつもお世話になっております」
相手の会社名と名前を聞き取れないまま、あいさつをしてしまう人がいますが、取り次ぐ段階でもう一度聞くのは失礼です。相手がだれかはかならず最初に把握しましょう。

3 取り次ぐ
「営業部の佐藤でございますね。少々お待ちいただけますでしょうか」
取り次ぐ人の所属と名前を復唱します。相手が待つことを了承したら保留ボタンを押し、取り次ぎます。

4 指名された人に取り次ぐ
「佐藤部長、株式会社〇〇の木原様より3番にお電話が入っています」
取り次ぐ相手が席にいたら、電話があったことを伝えます。内線の場合は「お疲れ様です、〇〇課の井上です」と名乗ったうえで伝えましょう。

✓ ここもCheck!

・相手の声が聞き取りづらいとき
「こちらの電話の都合で恐縮ですが……」
ストレートに「聞こえません」と言うのは、たいへん失礼です。「お声が遠いようですが……」というのは、相手に問題があるような印象を与える可能性があるので、おすすめしません。

・相手が名乗らないときは
「差し支えなければ……」
相手がだれでも、会社名と名前はかならず聞くようにします。「失礼ですが」「恐れ入りますが」などのクッション言葉を使ってもよいでしょう。

✕ NG
身内敬語に注意
社内の人のことを外部の人に話すときは敬称や尊敬語を使いません。「営業部長の佐藤様をお願いします」と言われたら、「営業部の佐藤でございますね」と返すのが正解です。

↑ LEVEL UP
いるかどうかはひとまずぼかして
相手によっては居留守を使いたい場合もあります。「〇〇様いらっしゃいますか」と聞かれたら、すぐにいるとは伝えず、「確認いたしますのでお待ちいただけますでしょうか」と伝え、本人に都合を伺います。

POINT
保留にするのを忘れずに
受話器を手で押さえながら「佐藤部長！」などと呼びかけてはいけません。また、電話をデスクの上に置きっぱなしにして書類を探すなどの行為も、相手が雑音を耳にするのでNGです。

A 「お世話になっております」という言葉には、「会社が社会全体に対してお世話になっている」という意味も含むとされているので、ビジネスのあいさつとしては問題ないでしょう。

シチュエーション別 電話の受け方

担当者が不在

1 相手に状況を伝える

担当者が電話中
「申し訳ございません。川上はただいま別の電話に出ております」
もし対応中に担当者の電話が終わったら「ただいま終わりましたのでおつなぎします」と伝えます。

担当者が席を外している
「あいにく、川上はただいま席を外しております」
トイレなどの場合は、理由は告げず「5分ほどで戻ると思います」と伝えると親切。

担当者が外出中
「あいにく、川上はただいま外出しております。午後5時には戻る予定でございます」
外出先は伝える必要はありません。戻ってくる予定の時刻を伝えましょう。

担当者が休暇・欠勤
「申し訳ございません。川上は本日お休みをいただいております。〇日には出社する予定です」
「休んでいることでお客様にご迷惑をかけることもあるかもしれない」という意識で、「休みをいただく」という謙虚な言い回しをします。

POINT
戻り時間には余裕をもって
帰社が予定より遅れた場合、相手にまた無駄に電話をさせてしまうかもしれません。また、帰社後すぐは忙しいものです。帰社予定時間の15〜30分後くらいの時刻を伝えるとよいでしょう。

×NG
ありのまま伝えるのはNG
遅刻やトイレによる不在の場合は、そのまま伝えると相手に不快感を与えてしまったり、担当者の印象を悪くしたりしてしまうことも。「席を外している」「立ち寄りがある」などと、理由はぼかして伝えましょう。

2 提案する

「よろしければ戻り次第、折り返しのお電話を差し上げるようにいたしますが、いかがでしょうか」
相手の意向を伺い、できるだけこちらから折り返し連絡することを提案します。その場合は相手の連絡先を聞くのを忘れずに。

↑LEVEL UP
ほかの人で対応できないかを聞く
担当者が長期休暇中や、相手が急いでいるときは「ほかの者で対応できることでしたら、対応させていただきますが、いかがでしょうか」とこちらから提案すると、気が利く人と思われます。

Q 担当者の戻り時間がわからないときは？

伝言を受ける

伝言を受けるときは、以下のポイントを確認してメモをとりましょう。

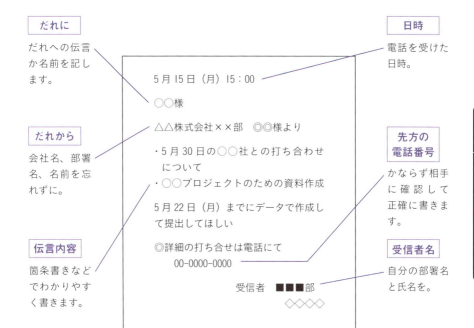

だれに
だれへの伝言か名前を記します。

だれから
会社名、部署名、名前を忘れずに。

伝言内容
箇条書きなどでわかりやすく書きます。

日時
電話を受けた日時。

先方の電話番号
かならず相手に確認して正確に書きます。

受信者名
自分の部署名と氏名を。

メモをとったあとの注意点

▶置く場所に気をつける

積み重なった書類の上など、紛失しそうな場所に置いてはいけません。電話やキーボードに貼りつけるなど、気づきやすく見やすい場所にメモを置きます。

▶本人に声をかける

メモを残すだけでなく、本人が来たら「佐藤部長、株式会社○○の田中様より電話がありましたのでメモを机の上に置いてあります」と口頭でも伝えます。

↑LEVEL UP

折り返し電話をしてもよい時間も確認しておく

「差し支えなければ、ご都合のよろしいお時間帯を教えていただけますでしょうか」などと、電話可能な時間を確認しておくとワンランク上の対応に。伝言メモにもその旨を記します。

A 「明確な戻り時間がわかりかねる状況でございまして」と説明したうえで「お急ぎであれば○○より連絡をさせるようにいたしますがいかがでしょうか」と提案します。

クレーム対処のしかた

☐ ここが大事！： チャンスだと思って誠意ある対応を

クレーム対処の基本

▶まずは誠意をもって謝る

内容を伺ったうえで「ご迷惑をおかけして、誠に申し訳ございません」と、相手を不快にさせてしまったことに誠意を込めてお詫びします。最初にしっかりお詫びすることがその後の印象を左右します。

POINT
全面肯定しない
相手の言い分は最後まで聞き、決して否定してはいけませんが、すべてが事実とも限りません。相手の思い違いの可能性もあるので、むやみに認める発言は控えましょう。

▶相手の話を最後まで聞く

クレーム対処の中で最も大切なのは、相手の言い分や要望を最後までしっかり聞くことです。途中で遮って「しかし、こちらにも都合が……」などと言い訳を始めるのは火に油を注ぐ行為なので厳禁です。

▶可能な対処法を考える

自分で対応できる範囲で、対処できる方法がないか考え、提案します。具体的な対処法が思いつかなかったり、自分だけで判断できなかったりしたら一度電話を切って上司に相談するのがよいでしょう。

↑LEVEL UP
**誠意ある対応で
クレーム客をファンに**
お客様は自分の会社や商品に興味があり、期待しているからこそ、それを裏切られたと思い電話をかけているのです。クレーム客を敵と思い込まず、感謝の気持ちを示し、誠意をもって対応すれば、最終的にはファンになってくれることはよくあることなのです。

✕NG
- 「それはできません」などの否定
- 感情的になる
- 言い訳をする
- 相手を長く待たせる
- 平謝りするだけ

Q 最後は何と言って締めるの？

クレーム電話への対応手順

1 クレーム内容をくわしく聞く

「このたびは誠に申し訳ありませんでした。くわしいお話を伺ってもよろしいでしょうか」

お詫びしたうえで、内容をしっかり聞き出します。何が問題だったか、相手が何について怒っているか、要点をまとめながら聞きましょう。

POINT

「上司と相談する」は場合によってはNG

上司につなぐと言うと、責任逃れと思われることもあります。自分では対応できないときは、「申し訳なく存じますが、担当者に代わりますので、少々お待ちいただいてもよろしいでしょうか」と伝えるのもよいでしょう。

2 相手の言い分を聞く

「別の商品が届いたということですね」

しっかり聞いている姿勢を示すことが大切です。「届いた商品が壊れていたということですね」などと復唱すると、相手も「伝わっている」と実感し、安心できます。

↑LEVEL UP

相手に「共感」を示す

大半のお客様は、嫌がらせではなく、自分の気持ちをわかってもらいたくて電話をかけています。「お気持ちお察しいたします」などと言って共感を示せば、わかってもらえたことに嬉しくなるはずです。相手も徐々に心を開き、こちらの話を聞いてくれるでしょう。

3 対処法を提案する

「それでは、至急商品をお送りさせていただきます」

こちらからできる対処法を提案します。すぐに返事ができない内容であれば、「一度検討し、また折り返しご連絡させていただいてもよろしいでしょうか？」と伺います。また、自分だけで判断できない場合は、上司と相談し、相手が納得できる対応を考えます。

×NG

できない約束をしない

無理な約束をして、その場しのぎをしてはいけません。後々「やはりできない」となれば相手をさらに怒らせてしまうばかりか、会社の世間的な評価にも影響します。自己判断せず、かならず上司の指示を仰ぎましょう。

✓ここもCheck!

こんなときどうする？ 困ったクレーム対処法

社長を出せと言われた	激怒している	無理な要求をしてくる
「たいへん申し訳なく存じますが、まずは上司と相談させていただいてよろしいでしょうか」と提案します。	相手に共感しながら要求を聞き出します。「落ち着いてください」など、相手の怒りを指摘するような言葉は逆効果なのでNGです。	金銭や謝罪の品など、明らかに見返りが目的である場合は悪質とみなし、毅然な態度をとりましょう。

A 「このたびはご指摘くださり、誠にありがとうございました。今後とも弊社の商品をよろしくお願いいたします」と、お礼と今後につなげる言葉で締めるのがよいでしょう。

携帯電話のマナー

□ **ここが大事！**：かける前に相手の状況やこちらの周囲の状況を考える

携帯電話から電話をかける

▶相手の都合にも配慮を

手軽にかけられることがメリットですが、会社の電話にかけるときの基本（P.46）同様に、相手の都合が悪そうな時間にかけることは避けます。相手が出たら、かならず「ただいま、5分ほどお時間よろしいでしょうか」と確認することを忘れずに。

POINT

基本的には会社の電話に

ビジネスでは、会社の電話を使うのが基本です。相手から携帯電話の番号を教えられている場合も、まずは会社にかけ、不在であれば携帯電話にかけるようにしましょう。

▶かける場所を考える

駅のホームなどの騒がしい場所でかけると、雑音が入り、相手が聞き取りづらくなるのでNGです。また、歩きながらなど、メモがとれない状況でかけるのも避けましょう。

▶重要な内容は避ける

周囲に話す内容が聞こえてしまうため、企業機密や個人情報は話すべきではありません。また、商談の結論を出すなど、落ち着いて考えたほうがよい内容も控えるべきです。

↑LEVEL UP

名刺交換時に許可をもらう

人によっては名刺に携帯電話の番号が明記されていることも。名刺交換の際に「急ぎのときなどは、携帯電話に直接かけてもよろしいですか」と、確認をとっておくと、緊急の用件の際にスムーズに対処できます。自分の名刺に書いてある場合も、事前に伝えておくとよいでしょう。

✕NG

- 歩きながらかける
- いつでも携帯電話にかける
- 複雑な内容を話す
- 相手の都合を考えずに話し出す
- 非通知モードでかける
- 人が多い場所から電話をかける
- 大声で話す
- 電波が悪い場所でかける

Q 相手の会社の人に担当者の番号を教えてもらったらかけてもいいの？

携帯電話で電話を受ける

▶名乗ってから出る

携帯電話でも「もしもし」とは出ずに、「はい、加藤です」などと名乗ってから出ます。周囲の人に聞かれないようにするため、会社名は名乗らなくてもOKです。

▶都合が悪いときはかけ直す

「申し訳ありません。ただいま移動中ですので、30分後にかけ直してもよろしいでしょうか」

会話が困難な場所では無理に電話を続けずに、お詫びしてかけ直すのがマナーです。その際は、何分後にかけるかも、かならず伝えます。

↑LEVEL UP
相手が携帯電話ならかけ直す気遣いを

相手が携帯電話からかけている場合は、通話料金が相手にかかってしまいます。「こちらからすぐにかけ直しますので、いったん切ってもよろしいでしょうか」とひと声かけると気が利いています。

POINT
かけ直すべき場所
・電車内
・駅のホーム
・歩きながらなど移動中
・電波が悪い場所
・レストラン　など

相手の携帯電話にかける

▶許可をもらってから

携帯電話の番号が名刺やメールの署名欄に書いてあったとしても、かける許可を得ていない場合は控えます。緊急の用件以外は携帯電話には極力かけないようにします。

▶相手の状況を確認する

相手が電話に出たからといって、いきなり本題を話してはいけません。「ただいま、5分ほどお時間をちょうだいしてもよろしいでしょうか」とかならず確認をとります。

▶できるだけ手短にすませる

屋外にいる相手の携帯電話にかけた場合、相手はメモをとれないことが多いでしょう。複雑な話題や、長話は避け、簡潔に用件を伝えてすみやかに切りましょう。

✓ここもCheck!

・外出している人の携帯番号は教えない

社外の人に「○○さんの携帯電話の番号を教えてほしい」と言われても、本人の了承なしに教えるのはNGです。取り次ぐ場合は、本人から連絡させましょう。ただし、自社の名刺に携帯電話の番号を載せている場合は、教えてもかまいません。

・打ち合わせ中に携帯が鳴ってしまったら

電源を切って、かばんにしまっておくのがマナーです。鳴ってしまったときは「たいへん失礼いたしました」と謝罪して電源を切りましょう。断りもなく電話に出るのはNGです。

A かまいません。「御社の○○様から番号を伺いおかけしたのですが、よろしいでしょうか」と最初に断りを。相手の会社の人にその旨を事前に伝えておいてもらうのも手。

column 2

できる人は知っている！ SNSのマナーとコツ

意外と知らない！SNSのNGマナー

▶同僚の悪口や仕事の愚痴を書き込む

気軽に書き込めるSNSですが、そこも公共の場であることを忘れずに。うさばらしでしたことが原因で、解雇されたり損害賠償を求められたりすることもあります。

▶他人が写っている写真を無許可で投稿する

他人の写真を、不特定多数が閲覧できるSNSに無許可で公開するのはプライバシーの侵害となります。その場にいたことを公開されると都合が悪い人もいます。かならず事前に許可を。

▶本や雑誌のページを撮影してSNSに投稿

意外と知らずにしてしまう人が多くいますが、これは著作権や肖像権の侵害にあたる可能性が高い行為なので控えましょう。

POINT
全世界に発信されているという自覚を
日記感覚で投稿している人も多いでしょうが、どんな発言も全世界に発信され、不特定多数の人が閲覧しているということを忘れないように。トラブルを避けるためにも、身元が特定されるような情報は出さないことが賢明です。

▶企業の機密情報を書く

インターネットは情報が広がるスピードが速く、たとえ書き込みを削除したとしても、一度流出した情報はなかなか消すことができません。取り返しがつかないことにならないよう、仕事に関する情報は慎重に扱いましょう。

▶仕事の連絡をSNSで行う

近年では推奨している会社もありますが、社外の人も見られる設定になっている場合は、業務に関することを書き込むのはNGです。

☑ ここもCheck!

デマを拡散しないように注意すべし！

インターネット上には多くの情報があふれていますが、その真偽は不確かです。情報源が不明確なものを拡散すれば、自身の信頼も失うことにもなるかもしれません。情報を正しく読み取る、インターネットリテラシーの力を身につけましょう。

↑LEVEL UP

勤務先を載せるときは上司の許可を

SNSに自分の勤務先を載せていると、自分にトラブルが起きたときに、企業のイメージにも影響が及ぶかもしれません。情報を公開する際は、かならず上司に許可を得てからにしましょう。

3章

Chapter 3

社内業務の基本とコツ

指示の受け方

☐ **ここが大事！**：要点がわかるようにメモをとって正確に指示を受ける

指示を受けるときの基本

▶かならずメモをとる

上司に呼ばれたらかならず返事をし、メモと筆記用具を持って向かいます。あとで上司に再確認する手間を省くためにも、わかりやすいメモをとりましょう。

POINT
適度に返事も
相手の話は遮らないようにしつつ、きりのよいところで「はい」と返事をすると、しっかり聞いていることが相手に伝わります。

▶復唱する

「はい！○○を○日までに報告いたします」などと大切な点を復唱することで、聞き間違いや理解のずれを防げます。また、理解できていることが指示を出した人にも伝わり、安心してもらえます。

▶疑問点はかならず質問する

指示を受けた時点で少しでも疑問に思うことがあればそのままにせず、かならずその場で質問します。ただし、質問する際は相手の話を遮らず、最後まで聞き、疑問点をまとめてから尋ねます。

↑LEVEL UP
何のための作業なのかを考えよう
新入社員のうちは指示どおりにこなすだけでもよいですが、慣れてきたら自分なりの方法も提案してみましょう。作業の目的を聞き、指示された方法よりもさらによい方法がないか考えます。つねに疑問をもち、改善策を考えることは、できるビジネスマンには必須のスキルです。

✗NG
- わからないことをそのままにしている
- 返事をしない
- 上司のもとにだらだらと向かう
- やる前から「できない」と言う
- できる見込みがないのに「できる」と言う

Q 複数の人から矛盾する指示を受けたら？

わかりやすいメモのコツ

指示を受けるときは、これらのポイントが明確になるように確認します。

指示者
だれに指示を受けたか。

作業の目的
指示の内容
何のために何をするか。わかりやすいように箇条書きで書くとよいでしょう。

相手の都合
指示を受ける際に、上司のスケジュールを確認しておくとスムーズ。

```
5月15日（月）15：00

齋藤部長より

・5月30日の○○社との打ち合わせ
  について
・○○プロジェクトのための資料作成

5月22日（月）までに
データで作成して部長に提出

◎部長は14時に時間がとれる
```

日時
指示を受けた日にちだけでなく、時刻も忘れずに。

作業方法
スケジュール
指示を受けたことを、何を使っていつまでに行うか。日時は間違えないように注意。

指示を受けたあとにすること

▶スケジュールを立てる
決められた期日から逆算してスケジュールを立てます。毎日仕事の進み具合を確認し、遅れていないかチェックを。

▶優先順位を考える
複数の仕事がある場合は、基本的には締め切りが近いほうを優先します。自分で優先順位を考え、その判断で進めてよいか、上司に確認しましょう。

▶先輩に相談する
わからないことをいくら考えてもなかなか答えは出ません。方法がわからなくなったり、何か問題が生じたりしたら、ひとりで抱え込まず、早めに先輩に相談します。

POINT
間に合わないならすぐ相談を
問題が生じたら、できるだけ早く上司に相談し、指示を仰ぎます。遅くなれば遅くなるほど、解決するのがむずかしくなるので相談は早めにしましょう。

↑LEVEL UP
気まぐれな上司にはこう確認を
「先ほどは○○と伺ったのですが、途中でこちらの方法に変更するということでよろしいでしょうか」などと、前回受けた指示と違うということを伝え、最終的にどの指示内容に従い仕事をするのかを確認します。「この前聞いたことと違うんですけど」などと、相手を責める言い方は角が立つのでNG。

A 指示をしたどちらの人でもよいので、「○○さんには××と言われたのですが、二通りの方法があるのでしょうか」と素直に聞いてみるとよいでしょう。

報告のしかた

☐ **ここが大事！**：5W3Hを意識して簡潔に報告する

報告は何のためにする？

指示を出した人に、どのような状況でどのような結果になったかを伝え、状況を正確に把握してもらうために行います。

報告はいつする？

・指示された仕事が終わったとき
・指示された仕事がある程度進んだとき
・ミスや問題が起きたとき　など

報告するときの基本

▶結果から話す

「○○の件ですが、打ち合わせの結果、××ということになりました」と、結果を話したあとに、理由や過程を伝えることで、聞き手は結果をふまえて報告が聞けます。

▶悪い報告ほど早くする

悪い報告は伝えづらいものですが、伝えるのが遅くなれば遅くなるほど、解決策が減り、改善がむずかしくなります。早めに報告する習慣を身につけましょう。

▶簡潔に事実を話す

言い訳をしたり事実を隠したりすると、上司も正しい対処ができなくなり、状況はさらに悪化します。自分のミスが原因だとしても、正直に伝えましょう。

▶自分の意見は最後に

報告は事実のみを述べるべきですが、最後に「これは私の意見なのですが……」とつけ加えて自分の考えを伝えると、積極性が伝わり、好印象です。

打ち合わせの結果、○○○ということになりました。

⬆LEVEL UP

できる人は二重の報告を

上司や先輩とはいえ忙しい人は、口頭で報告されたことを忘れたり、報告のメールを確認していなかったりすることがあります。報告したかどうかで、後々トラブルにならないためにも、事前にメールを送ったうえで「先ほどメールでも報告したのですが……」と口頭で報告する、ダブル報告をおすすめします。

Q 上司が忙しそうなときはどうする？

スムーズな報告の手順

1 相手の都合を聞く

「平井課長、ただいまお時間よろしいでしょうか」

相手にも自分の仕事があります。報告の際は、今話す時間があるかどうかをかならず確認します。せっかちな上司なら「10分ほど」と最初に所要時間を伝えると◎。

2 結果から話す

「○○の件ですが、昨日の打ち合わせの結果、○○で了承がとれました」

「○○について」と最初に何についての報告かを伝えたうえで、結果を簡潔に伝えます。結果だけ知ればよいという用件もあるため、回りくどく話すのはNGです。

3 上司の指示を仰ぐ

「今後は○○で進めてもよろしいでしょうか」

打ち合わせで決まった方針や自分の考えを述べて、それで進めてよいかどうか上司に確認します。

4 お礼を言う

「ありがとうございます。では、このまま進めます」

自分のために時間を割いてくれたことに対して、感謝の気持ちを伝え、一礼して席に戻ります。

5 書面で報告する

職場によっては必要ではない場合もありますが、内容を振り返って書面にまとめる作業は、より明確な理解につながります。自分の成長のためにも行うとよいでしょう。

POINT

5W3Hを意識して報告する

5W
- When…いつ
- Where…どこで
- Who…だれが
- Why…なぜ
- What…何を

3H
- How…どのように
- How much…いくら
- How many…いくつ

いつ、どこで、だれが、何を……と、項目を意識するとわかりやすい報告になります。上司のもとへ行く前に、5W3Hに沿って内容を整理するとよいでしょう。

↑LEVEL UP

中間報告は上司のタイプによる

長期の仕事の場合は、区切りのよいところで進捗状況を報告する必要があります。また、長期の仕事ではない場合でも、部下の仕事をつねに把握しておきたい上司には、進捗を聞かれる前に報告をします。

POINT

書面に記す内容
- 何についての報告書か
- 結論
- そうなった理由や過程
- 見解

報告書のタイトルは「○○プロジェクトについてA社と打ち合わせ」などと、具体的に書きます。内容は箇条書きなどで簡潔にまとめて、見やすいように。

A 「○○について5分ほど報告があるのですが、ご都合のよい時間を教えていただけますでしょうか」と声をかけてアポイントをとり、その時間に改めます。

連絡のしかた

☐ ここが大事！：自分でしっかり理解してから正確に連絡する

連絡は何のためにする？

伝えるべき情報を、上司や取引先などの知っておくべき人に正確に伝えるために行います。

連絡はいつする？

・仕事で変更事項があったとき
・外出、帰社するとき
・直行、直帰するとき　など

連絡するときの基本

▶理解してから正確に伝える

右から左へ流すだけではなく、しっかり理解してから伝えます。意見を加える必要はありませんが、何についての情報かを理解しないと正確には伝わりません。

▶こまめに連絡を

「打ち合わせ日程の変更」など、スケジュールに関する連絡はとくに優先します。あと回しにするとそのまま忘れてしまうこともあるので、こまめな連絡を心がけます。

▶適切な手段を選ぶ

口頭、電話、メール、書面など、さまざまな連絡手段があります。内容や緊急性によって適切な手段と不適切な手段があるので、使い分けましょう。

▶伝言する場合はかならず確認を

本人に直接連絡するのがベストですが、不在の場合は伝言を頼むこともあります。その際は、伝言が本人に確実に伝わったかどうかを、その後に確かめることが大切です。

打ち合わせの日程ですが、○日○曜日の○時からになりました。待ち合わせ場所はハチ公です。

↑LEVEL UP

連絡にねぎらいをつけ足し

親しい人への連絡では、つい用件だけを書いて送ってしまいがちですが、「本日もお疲れ様です」などとねぎらいの気持ちも添えるとよいでしょう。連絡事項に加えて、「先方に連絡しておくことはありますか」など、ほかに手伝えることがあるかどうかも聞くと、気が利く人と評価されます。

Q FAXで連絡するときも注意することはある？

連絡するときの注意点

▶電話

緊急性の高い用件のときに最適。伝言をお願いしたときは、しっかり伝わったかどうかを確認すると安心です。

▶メール

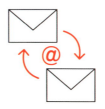

伝える相手が複数人いる場合に最適。相手がすぐに確認するとは限らないので、急ぎの用件は電話などで確認のお願いを。

▶文書

回覧は複数の人に自動で回るので手間がかかりません。ただし、途中の人で止まらないよう注意を。

↑LEVEL UP
複数人への連絡にはCC・BCCを
メールの一斉送信機能を使えば、一度に多くの人に連絡ができます。お互いに面識がある場合は、ほかの受信者がわかるCCで送ります。連絡先を公開すると問題がある場合は、BCCを使いましょう。

☑ここもCheck!

こんなときもしっかり連絡を

外出するとき

「○○社へ打ち合わせに行ってきます。15時には戻る予定です」と、行き先と目的、戻り時間を告げます。

遅刻したとき

数分の遅刻でも、かならず上司に連絡を。遅刻理由と到着予定時間を伝えます。

帰社前

「お疲れ様です、ただいま○○社との打ち合わせが終わりました」と報告したうえで、「私宛に何か連絡はありましたでしょうか」と確認します。そして「○時くらいに帰社する予定です」と戻り時間を伝えます。

休むとき

事前に申請をしていたとしても、上司は忘れている可能性があります。休む2～3日前に「○日からお休みをいただいておりますので、よろしくお願いいたします」などともう一度伝えると安心です。

A 複数人に見られることもあるので、重要事項の連絡には向いていません。また、至急の返事が必要な場合は電話をし、届いたかどうか確認することでトラブルを防げます。

相談のしかた

☐ ここが大事！：**相手に頼るのではなく、自分でも考える**

相談は何のためにする？

自己判断で行動して、より大きな問題に発展することを防ぐために、自分の考えを評価してもらうために行います。

相談はいつする？

・仕事で困ったとき
・判断に迷うことが起こったとき
・ミスやトラブルが起こったとき　など

相談するときの基本

▶問題点をしぼる

自分は何について悩んでいて、何についてのアドバイスがほしいのかを明確にします。状況を整理して、自分が置かれている現状を理解することが大切です。

▶自分の考えももつ

頼ろうという姿勢ではなく、その問題について「自分はこうしたい」という考えを持つことが大切です。相手もアドバイスしやすく、投げやりな印象を与えずにすみます。

▶相手はしっかり選ぶ

まずは先輩や、その問題にくわしそうな人に相談します。それでも解決できないようなら、直属の上司に相談を。その問題に関係ない人に相談するのは NG です。

▶アドバイスは尊重する

たまに自分の中ですでに答えが出ていて、もらったアドバイスを受け入れない人がいますが、これは相手の時間を無駄に奪う行為です。いただいたアドバイスにはしっかり耳を傾けましょう。

先輩…あの…

↑LEVEL UP

結果報告を忘れずに

相談に乗ってくれた人は、自分のアドバイスでうまくいったかどうかが心配になるものです。どのような結果になったのかをかならず報告します。たとえうまくいかなかったとしても、アドバイスをくれたことにしっかりお礼を。

Q プライベートな相談をしてもいい？

有意義な相談の手順

1 内容を伝え相手の都合を聞く

「平井課長、○○の件でご相談があるのですが、今お時間よろしいでしょうか」

相手の状況を見て声をかけます。重要な相談は、しっかり時間がとれるときにしましょう。

2 簡潔に相談する

「○○の件ですが、現在○○のような状況になっております」

いきなり相談しても上司は何の話かわかりません。何についての相談なのかと、現在の状況を簡潔に説明します。

3 自分の考えを伝える

「私は○○したいと思っているのですが、いかがでしょうか」

まとめた自分の意見を述べ、相手の考えを聞きます。相手の意見をじっくり聞き、正しい方向性や解決策を見つけます。

4 お礼を伝える

「お忙しいところ、ありがとうございました」

時間を使ってくれたことへのお礼をしっかり述べて、席に戻ります。結果が出たら、その際の報告とお礼も忘れずに。

5 書面で報告する

職場によっては必要ではない場合もありますが、内容を振り返って書面にまとめる作業は、より明確な理解につながります。自分の成長のためにも行うとよいでしょう。

POINT

自分の考えがまとまったらすぐに相談を

自分の考えは正しいのか、上司に言ってもよいのか、などと悩んでしまいがちです。しかし、わからないことをいくら悩んでも答えは出ません。意見がある程度形になったらすぐに相談し、判断を仰ぎましょう。

×NG
- 自分ひとりで抱え込む
- 直属の先輩や上司を飛び越えた相手に相談する
- 独断で動く
- 同じことをくり返し相談する

☑ここもCheck!

少しでも不安を感じたら確認を

些細なことでも、自分だけで判断するのは危険です。二度手間になったり、大きなトラブルにつながったりすることもあります。よかれと思っての判断や、些細なことでも、不明確な点はしっかり確認してから行動しましょう。

A 就業時間外であれば、とくに問題はないでしょう。相談の際は他人に聞かれない場所を選び、仕事の場合と同様に結果をしっかり報告します。

会議に参加する

☐ **ここが大事！**：無駄な発言は避けて大事なポイントのみを伝える

前日までに準備すること

▶目的や議題を把握する
何についての会議なのかを事前に頭に入れておきます。テーマや、問題点、何を決めなければいけないのかなどを、内容ごとに整理するとよいでしょう。

▶過去の議事録に目を通す
配布された資料には事前に目を通し、過去の議事録なども確認するとよいでしょう。過去の会議の流れを把握しておけば、同じ議論をくり返す心配がありません。

▶自分の意見をまとめる
若手とはいえ、会議に参加する以上はメンバーの一員です。遠慮せずに発言してかまいません。意見や質問事項などを紙にまとめておくと、緊張せずに発言できます。

▶資料を作成する
紙面で用意する場合は、A4用紙に簡潔にまとめます。部数は多めに用意しておくと安心です。ページ番号もかならずつけ、出席者が目的のページをスムーズに探せるようにしましょう。

▶会場の準備をする
前もって会議をする場所を手配し、参加人数分の椅子やテーブル、お茶などを用意します。プロジェクターなどの機器は、不具合がないか事前に確認しておきましょう。

↑LEVEL UP

読みやすい資料作成のコツ

- **文字のフォント**
文字のサイズは11〜12ポイントくらいで見出しはゴシック体、本文は明朝体が見やすいでしょう。

- **図、グラフ**
増減の説明には棒グラフなど、適切なグラフを使います。強調したい部分には色を使って、わかりやすく。

- **色使い**
さまざまな色を使うと、強調したい部分がわかりにくくなります。色は同系色でまとめ、濃淡を調整して強調します。

POINT

準備すること
- 椅子、テーブル
- ホワイトボード
- マイク
- プロジェクター
- パソコン
- 飲み物（お茶）　など

Q 会議が長引いて次の予定に遅れそうになったら？

会議中の注意点

▶発言するときは結論を先に

手を挙げ、許可を得てから発言します。その際は結論から述べ、続いて理由を簡潔に説明します。ここでも5W3H（P.63）を意識するとよいでしょう。

▶聞きながらリアクションをする

うなずいたり、メモをとったりなど、「聞いている」という姿勢を。メモに必死になるのではなく、ときおり発言者に視線を移し、あいづちをすることが大切です。

↑LEVEL UP

反対意見を言うときは謙虚な姿勢で

「○○さんのご意見、たいへん興味深く拝聴いたしました。つきましては、私の意見を述べさせていただいてもよろしいでしょうか。私は……」

一度相手の意見を受け入れてから、謙虚な姿勢で切り出すと、角が立ちません。P.115も参考にしてみましょう。

✕NG

- 発言が長い
- 意見もなくぼーっとしている
- 会議の流れを遮る
- 感情にまかせて話す
- 議題とずれた発言をする
- 携帯電話を見ている

会議後にすること

▶議事録を作成する

会議の日付、場所、出席者、テーマ、経過、結論などを簡潔に書きます。資料作成の練習になりますし、まとめることは自分の理解にも役立つ大切な作業です。

▶議事録をファイリングする

議事録は会社で保存しておく書類です。議事録を作成したら、大切にファイリングして管理するのを忘れずに。

☑ここもCheck!

つい出てしまうクセにも注意

考え事に集中していると、無意識にクセが出てしまう人もいます。以下のようなクセは議論に興味がないように見られてしまいがちなので注意しましょう。

- ペンを回す
- 腕を組む
- 足を組む
- 貧乏ゆすり
- 頬杖をつく

A スケジュールに余裕をもっておくべきですが、重要な予定であれば、「申し訳ございません。次の予定がありましてここで失礼いたします」と伝えて、退席しましょう。

プレゼンのしかた

□ ここが大事！：あれもこれも伝えるのではなく強弱をうまく使う

上手なプレゼンのコツ

▶ポイントは箇条書きで書く
長文だと、何を伝えたいのかが読み手の頭に入っていきません。箇条書きにし、伝えたいポイントをわかりやすくします。

▶図やグラフを使う
数字を比較したり、推移を見たりなどする場合は、文章で説明するよりもグラフで示したほうが理解しやすいでしょう。

▶空白部分を有効的に使う
伝えたいことを資料に詰め込むのではなく、ある程度余白をつくることで、伝えたいポイントをより目立たせられます。

▶動画は"ここぞ"で
パワーポイントにおける動画（アニメーション）は、多用は避け、注目してほしい部分だけに使うと効果的です。

▶資料はできるだけ少なく
資料が多いと、すべてに目を通してもらえなくなります。資料は5枚くらいにまとめ、細かいデータなどは「別途資料」として配布をすると丁寧です。

▶入念なリハーサルも
事前に練習をし、内容を頭の中に落とし込みます。リハーサルを行えば、多少緊張しても表情や態度に余裕が出ます。

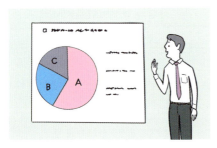

POINT
パワーポイントの注意点
- 文字のサイズは24ポイント以上で大きく
- 使う色は3色ほどに抑える
- 改行でわかりやすく
- グラフや表は伝えたい部分を目立たせる
- 文字が始まる位置をそろえる

↑LEVEL UP

自分のプレゼンを録画してみる
客観的に見ると、気づいていなかったクセを発見できます。また、説明を聞いて、内容がわかりやすいかどうかもチェックを。

時間をはかる
時間内に終えられるかどうかを確認します。本番では緊張して早口になる人も多いので、ゆっくり話すことを意識しましょう。

視線にも気を配る
資料だけでなく、聴衆にも視線を投げかける必要があります。会場のいちばん遠くにいる人に声や表情を届けるようなイメージで話すと、自信があるように見えます。

Q わからないことを質問されてしまったら？

スマートなプレゼンの流れ

1 あいさつ

「本日は○○の新商品を PR させていただきます。よろしくお願いいたします」

第一声は大きな声でハキハキと。自信のない話し方だと、発言の内容も自信がないように思われてしまいます。

2 プレゼンテーション

メモや台本があっても、それをただ読み上げるのはNG。適度な間や身ぶり手ぶりを有効的に使い、アイコンタクトをとりながら堂々とプレゼンします。

3 質疑応答

「では、質疑応答に入らせていただきます」

本番で慌てないよう、あらかじめ質問されそうな内容を想定し、回答を考えておきましょう。質問されたことは記録を。

4 締めのあいさつ

「質問がないようでしたら、これでプレゼンを終わります」

質問が出尽くしたら、プレゼンを締めます。

5 お礼を伝える

「お忙しいところ、ありがとうございました」

時間を使ってくれたことへのお礼をしっかり述べて、席に戻ります。結果が出たら、その際の報告とお礼も忘れずに。

POINT

プレゼン後はフィードバックを

聞いていた人に、よかった点やわかりづらかった点を教えてもらい、今後のプレゼンに活かすとよいでしょう。

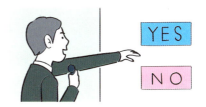

POINT

一音一音を丁寧に

「あ」「い」としっかり口を動かし、一音一音を丁寧に発音します。

↑LEVEL UP

メリハリをつけて話す

少し間をあけると、「これから大事なことを話す」という雰囲気が聴衆に伝わり、興味をもってもらえます。強調したい部分で声のトーンを変えるのもよい手法です。

ボディランゲージを使う

少しオーバーな表現をしたほうが聞き手に伝わります。グラフや図を手や指示棒などでさし示すのもよいでしょう。

全員にアイコンタクトを

すべての聴衆に視線を投げかけます。大きな会場の場合は、「Z」のようにジグザグに視線を投げかけると、全員を見渡しているように見えます。

✓ここもCheck!

ログセに気をつける

「えーと」や「あのー」と言って言葉をつなぐ人が多くいますが、聞き手には自信がないように映ります。弱々しい言葉でつなぐよりも、しっかり切ったほうが、堂々として見えるので、本番ではできるだけ言わないように注意を。

A まず、「すばらしいご質問をありがとうございます」とお礼を。そして、わからないことにお詫びをし、後日、別途資料を用意して説明させていただく提案をすると好印象です。

コミュニケーションのコツ

> ☐ **ここが大事！**：円滑なコミュニケーションをとって仕事につなげる

コミュニケーションをとるメリット

▶相談しやすい
仕事はひとりでできるものではありません。日頃から親密な関係を築いていると、困ったときや力を貸してほしいときに相談しやすくなります。

▶情報が伝わりやすい
多くの人と会話していれば、自然と情報が集まります。自分の知らない取引先の情報や業界のニュースなどを聞いて、ビジネスに役立てましょう。

▶信頼されやすい
互いの話を聞いたり、共感の意を示したりすれば、相手は徐々に心を開いてくれます。自分の情報も忘れずに開示し、距離を縮めましょう。

上手なコミュニケーションのコツ

▶相手に興味をもつ
人はだれでも、自分に興味をもってもらえたら嬉しいものです。自分が知らなかったり、興味がなかったりする話題でも、「それはどんなものなんですか？」「どのへんがおもしろいんですか？」などと興味をもって、いろいろと質問してみましょう。

▶話が広がる質問を
相手に「はい」「いいえ」の回答を求める質問のしかたでは、話題が広がりにくいものです。会話を盛り上げたいときは「どうでした？」や「どうしてですか？」と感想を求めるなど、相手が自由に回答できる聞き方を心がけましょう。

▶適度に自分の話も
興味をもって質問するのは大切ですが、やりすぎると尋問のようになってしまいます。相手の話を遮ったり、相手の話題を奪ったりしないように気をつけながら、適度に自分の情報も話して話題を提供します。相手の話を盛り上げる脇役であることを意識します。

✕NG
嫌われてしまうコミュニケーション
会話では、話す態度や表情にも注意する必要があります。
- 仏頂面
- 相手の目を見ない
- 知ったかぶりをする
- 一方的に自分の話だけをする
- 会話の流れを無視する

Q 気が合わない人とも仲よくするべき？

会話の悩み解決法

悩み1 会話が続かない
解決！ 何を話せばいいかを必死に考えるのではなく、相手の話をよく聞き、気になるポイントを探します。ひとしきり聞き終わったら、自分の話題を出しましょう。

悩み2 なかなか声をかけられない
解決！ あいさつから始めましょう。「おはようございます」「お疲れ様です」などの基本のあいさつをきっかけにして、「今日は寒いですね」などと会話を広げましょう。

悩み3 年の離れた人との雑談は
解決！ 年上の人には若い頃の経験談を聞くのがおすすめです。「昔はこうだった」と説教につながると困りますが、素直に興味深い話として聞きましょう。

悩み4 沈黙が怖い……
解決！ 沈黙が続くと、「会話を楽しんでいないのでは」と焦りがちですが、人によっては返答を考えているだけのことも。相手の会話のテンポに合わせましょう。

悩み5 笑顔が下手で……
解決！ 笑顔に自信がない人は、毎日一度でもよいので鏡の前で口角を上げる練習をするのがおすすめです。笑顔ができれば、上手に話せなくても好印象です。

実践！ 上手な雑談

自分「おはようございます！今日も暑いですね」
相手「おはよう、暑いね」

自分「土日はどこか行かれたんですか？」
相手「家族で軽井沢へ行ったよ」

自分「軽井沢では何かされたんですか？」
相手「1泊だけだったから、買いものをしてのんびりしてたね」

自分「あそこは素敵なお店が多いですから、買い物だけでも満足できますよね。私も実家が近いので、よく行きました」

相手「実家はどこなの？」
自分「群馬の前橋なんです。古田さんはご実家はどこでしたっけ？」

POINT
あいさつ+αで話しかける
会話はあいさつから始まります。「あいさつ＋気候」や「あいさつ＋通勤中に起こったこと」などの軽い話題でよいので、あいさつにつけ加えて会話を広げます。

POINT
YES、NO以外の質問
すぐ話題が終わってしまう質問以外を考えるときは、「5W3H」（P.63）を念頭に置くとよいでしょう。「どこへ」「いつから」「だれと」などの質問は話題を広げやすいでしょう。

POINT
あえて少しぼかす
こちらがすべての情報を出してしまうと、会話はそこで完結してしまいます。少しむずかしいですが、あえて抽象的な言い方をすることで、相手が質問できるポイントをつくり、会話を続けることができます。

A 相手との関係によります。仕事でかかわる相手であれば、あいさつなど最低限のコミュニケーションはとるべきです。業務に支障が出ないようにすることが必要です。

column 3

できる人は知っている！ 雑談に使える話題

ランチ
- 好きな食べ物
- 話題の店
- ニュース　など

実践！
『このハンバーガー、おいしい！』
「おいしいね！そういえば、この前ニューヨークから上陸したハンバーガー屋さん知ってる？」

飲み会
- 好きな食べ物
- お酒
- 趣味、ニュース　など

実践！
「森さん、次何飲まれますか？」
『日本酒にしようかな』
「日本酒がいちばんお好きなんですか？」

通勤中
- 季節、天気
- 前日の夜の過ごし方
- ニュース　など

実践！
「おはようございます。寒いですね」
『おはよう、寒いね〜』
「もう衣替えしましたか？」

休日明け
- 趣味
- 話題の店
- 旅行の話　など

実践！
「GW明けちゃったねー」
『明けたね』
「どこか旅行とか行ったの？」

移動中
- 仕事の話
- 上司の経験談
- 場所　など

実践！
『○○駅で降りるよ』
「はい！○○駅は最近とても栄えていますね」

✗ NG
自分から話さない！NG話題
- 政治、悪口、宗教、うわさ話

政治や宗教の話はかならずしもNGというわけではありませんが、考え方は人それぞれです。これらの話題になったときは意見をぶつけ合うのではなく、相手の考えを聞く『聞き役』に徹するとよいでしょう。

4章

Chapter 4

社外取り引きの基本とコツ

来客対応のしかた

☐ ここが大事！：丁寧に迎えてすみやかに案内する

来客対応の手順

1 明るく迎える

「いらっしゃいませ。○○社の井出様でいらっしゃいますか」

お客様の姿が見えたらすみやかに立ち上がり、出迎えます。アポイントのあるお客様の場合は「○○様、お待ちしておりました」とあいさつすると丁寧です。

✕ NG
- 「だれかが対応するだろう」と無視する
- ぶっきらぼうに対応する
- 座ったまま迎える

2 行き先を告げてご案内する

「それでは、応接室までご案内いたします」

あいさつがすんだら、お客様を案内します。かならず案内する場所を告げてから移動しましょう。

↑ LEVEL UP

お客様の荷物を預かる

お客様の荷物が多いときや、大きな荷物を持っているときは「よろしければお荷物お預かりいたします」と声をかけます。断られたら引き下がりましょう。

☑ ここもCheck!

自分の来客ではないときの対応のしかた

▶ **仕事を中断して明るく迎える**

「いらっしゃいませ。私でよろしければ、ご用件を伺いますが、いかがでしょうか」

すみやかに仕事を中断して、お客様のもとへ歩み寄り、声をかけます。

▶ **預かりものは名前を確認**

渡す相手の部署と名前を復唱して、間違えのないように。伝言の確認もすると気が利いています。

▶ **担当不在のときは先に案内を**

「ただいま参りますのでこちらでお待ちいただけますでしょうか」

アポイントがあるお客様であれば、応接室などにご案内し、お待ちいただきます。その際、担当者が席を外していることは告げずに。アポがない場合は用件を聞き、その場でお待ちいただきます。座れる場所があれば、席をすすめます。

Q なぜエレベーターの中に人がいるかどうかで乗る順番が変わるの？

廊下の案内

▶歩調はお客様に合わせる

お客様の歩くスピードに合わせながら歩きます。ときどきお客様を振り返り、歩調が合っているか確認しましょう。

▶右斜め2～3歩前を歩く

お客様は廊下の中央を、案内する側はその右斜め2～3歩前を歩いて誘導します。

「こちらへどうぞ」
進むときや曲がり角のときなどは、お客様から遠い側の手の指先をそろえて方向をさし示します。

階段の案内

▶お客様を手すり側に誘導する

「2階までご案内いたします」と階数を告げて、お客様には安全の意味を込めて手すり側を歩いていただきます。

▶上りも下りも前を

ビジネスシーンでは階段でも案内人が先を歩くのがマナーです。女性の場合は、階段で男性に後ろからついてこられることに抵抗を感じる人もいるのでとくに注意を。

「お先に失礼します」
階段で先に歩くときは、上がるときも下りるときもひと言断りを入れます。

エレベーターの案内

▶操作ボタンの前に立つ

中にだれも乗っていないときは、「お先に失礼します」と断ってから先に乗り込みます。操作ボタンの前に立ち、お客様が乗り終えるまで「開」ボタンを押し、ドアを押さえておきます。

▶降りるのはお客様が先

開ボタンを押し、もう一方の手でドアを押さえながら「どうぞ」と声をかけ、お客様に先に降りてもらいます。

✓ここもCheck!

中に人がいるときは自分があと

中に人がいるときは、ドアを押さえながら「お先にどうぞ」と声をかけ、お客様に先に入っていただきます。

A 中にだれもいないときにお客様より先に乗るのは、中の安全を確認する意味があります。すでにだれか乗っている場合は安全とみなし、お客様を優先し先に入っていただくのです。

来客のもてなし方

☐ **ここが大事！**：自社だからと、えらそうな態度は絶対にNG

入室・席をすすめる手順

1 入る前にノックをする
「失礼いたします」
目的地に着いたら「こちらでございます」と到着を告げます。入室前は、空室だとわかっていてもかならずノックをして、室内の状況を確認します。

⇩

2 ドアを開けて入室を促す
「どうぞお入りください」
室内の状況を確認してから入室します。ドアの開閉タイプによって、お客様と案内人の入る順番が異なるので注意を。

⇩

3 上座に案内する
「こちらへどうぞ」
お客様が遠慮して下座に座らないよう、はっきりと上座をさし示し、座っていただきます。複数人のときは役職の高い順に上座を案内します。冬場であれば「コートをおかけいたしましょうか？」と伺うと気が利いています。

⇩

4 一礼して退室する
「少々お待ちくださいませ」
お客様が座ったら、「失礼いたします」と一礼して退室します。ドアは静かに閉めましょう。

POINT

押して開けるときは先に入室

「お先に失礼します」と断ってから先に入室します。ドアを押さえながら、お客様より遠い側の手で室内をさし示しながら、「どうぞこちらへ」とお客様を誘導します。

引いて開けるときはお客様が先

ドアを引き開けたら、「どうぞお入りください」と声をかけ、室内をさし示し、お客様に入室していただきます。

☑ ここもCheck!

基本的な席次

▶応接室

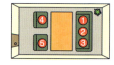

出入り口から遠い席が上座です。長ソファーがある場合は、そちらのほうが上座に。

▶商談スペース

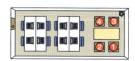

フロアの一角などで商談する際は、社内から遠い側や、外の景色などが見える席が上座になることも。

↑LEVEL UP
かばんの置き場所も示す
お客様のなかには、遠慮をしてかばんを床に置く方もいます。「お荷物はこちらへどうぞ」などと、椅子の上などを案内してあげると気が利いています。

Q 入室するとき、ノックの回数は何回が適切？

お茶を出す手順

1 おぼんにのせて入室する

茶托に湯のみ茶碗をのせて運ぶとこぼれる可能性があるので、おぼんには別々にしてのせます。ふきんも忘れずに用意を。胸の高さでおぼんを持ち、ノックとあいさつをし、入室します。

2 おぼんを置いて茶托に湯のみ茶碗をセットする

サイドテーブルや机に一度おぼんを置きます。茶托に湯のみ茶碗をセットし、茶托を両手で持って出します。資料などが机に広がっていて、お茶を置く場所がないときは、「失礼いたします、お茶はどちらに置けばよろしいでしょうか」と、社内の人に確認を。

3 役職の高い順にお茶を出す

それぞれの役職がわからない場合は、上座にいる人から順番にお茶を出します。

4 出し終わったら退室する

おぼんを脇に抱えて、ドアの前で室内に「失礼いたします」と一礼。廊下に出たら再度会釈し、ドアを閉めます。

✓ ここもCheck!

コーヒー、紅茶の場合

ソーサーとカップは別々におぼんにのせます。カップの取手は、ヨーロピアンスタイルは左に、アメリカンスタイルでは右にセットを。

POINT
お茶は右側から出す

お客様の右側からお茶を出します。ただし、机のスペースや席の配置によっては左や前から出してもOKです。その際は「前から失礼いたします」などと断りを入れると丁寧です。

↑LEVEL UP
ペットボトルのときはグラスも

近年ペットボトルの飲み物を出す会社が増えてきました。このとき、ペットボトルに直接口をつけることに抵抗を感じる人もいます。たとえ小さいサイズだとしても、グラスなどを用意しておくと丁寧です。

お客様を見送る手順

1 ドアを開ける

ドアを押して開けるときは、自分が先に出てドアを押さえ、お客様にはあとから退出していただきます。ドアを引いて開けるときは、開けたドアのドアノブを持ち、お客様に先に出ていただきます。

2 見送る

感謝の言葉を述べお辞儀します。お客様の姿が見えなくなるまで見送ります。

POINT
どこまで見送る?

相手や状況によって、部屋の外、エレベーター前、玄関前までとさまざまです。大切なお客様は玄関先前まで見送ることが多いようです。お客様が「こちらでけっこうです」と辞退したら、「恐れ入ります。それではこちらで失礼いたします」と言い、それに従いましょう。

A ビジネスシーンでのノックは3回が適切です。2回はトイレのノックになるので、注意しましょう。

名刺交換のしかた

☐ **ここが大事！**：名刺はその人の分身と考えて丁重に扱う

一方ずつ交換するときの手順

1 相手の正面に立ちあいさつを

訪問した側からあいさつします。相手の正面に立ち、社名と名前を告げ、名刺を相手から読める向きにして差し出します。

↑LEVEL UP

名刺交換は先手必勝

会食の場などで名刺交換をするタイミングがなかなかつかめないときもありますが、あいさつをされて嫌な人はいません。「いつあいさつへ行こう」と悩むよりも、「ごあいさつさせていただいてよろしいでしょうか」と声をかけ、先に行動することが大切です。

2 名刺を渡す

両手で名刺を持ち（同時交換のときは片手で）、相手が持っている名刺入れの上に自分の名刺を置きます。

POINT

名刺の渡し方
- 相手の正面に立つ
- 両手で差し出す
  （同時交換のときは片手で）
- 胸の高さで出す
- 名乗りながら渡すのではなく、ひとつひとつの動作を区切って行う
- 下から上方向に差し出すと丁寧

3 相手の名刺を受け取る

相手が差し出した名刺を、「ちょうだいいたします」と言って両手で受け取ります。両手で名刺入れを持ち、その上で受け取ります。

☑ここもCheck!

名刺は絶対に胸より下に下げない

名刺は相手の顔であり、分身です。胸より下に下げて見るのは、相手を見下しているような印象を与えてしまいます。受け取ってからも気を抜かず、扱いには注意しましょう。

Q 上司のあとに名刺交換をするときの注意点は？

同時に交換するとき

▶片手で交換する

同時に交換するときは、片手で名刺を持ちます。右手に自分の名刺、左手に名刺入れを持って交換します。右手で自分の名刺を相手の名刺入れの上に置き、左手で、相手の名刺を受け取ります。

相手より下に出す
相手の名刺より上の位置から差し出して交換するのは、相手を見下していると思われかねないので注意を。

✓ここもCheck!

目線は顔→名刺の順

手元の名刺ばかり見ずに、あいさつするときは相手の目をしっかり見て話します。名刺を渡すときは、名刺に目線を向け、受け取った名刺にしっかり目を通します。

複数人で交換するとき

▶目上の人から順番に

複数人で交換する場合は、役職が高い人から順に交換します。こちらが複数のときは、上司が交換したあとに自分が続きます。事前に人数分の名刺の用意をしておきましょう。

双方が複数のときは
上司どうしが交換したあと、立場が上の上司と自社の部下、自社の上司と先方の部下、部下どうしと続きます。

POINT

受け取ったあとも役職順

役職が高い人の名刺を受け取ったら、次に交換した人の名刺はその下に差し込みます。役職が高い人の名刺がつねにいちばん上にくるように置きましょう。

名刺交換をしたら……

▶名刺入れの上にのせる

名刺入れの上にのせて、右利きの人は自分の左斜め前に、左利きの人は右斜め前に置いておくのがマナーです。床に落としたり、名刺の上に書類などを置いたりしないように注意を。

相手の並び順で置く
顔と名前を一致させるために、相手が座っている並び順と同じ順で名刺を置きます。

POINT

相手が複数人のときはひとりだけでOK

相手が複数人の場合は自分の名刺入れの上には役職がいちばん高い人の名刺を置きます。そのほかの人の名刺は、テーブルの上に直接置いておきます。

A 自分の名刺は、相手がすでに持っている自分の上司の名刺の下に差し込みます。受け取る側は、名前と顔を確認してから、役職が高い人の名刺の下に戻します。

こんなときどうする？名刺交換トラブル

▶名刺を忘れた！

解決！

すぐに手紙とともに郵送を

「たいへん申し訳ございません、ただいま名刺を切らしておりまして」とお詫びし、会社名と氏名をしっかり名乗ります。帰社後すぐに、お詫びとあいさつの言葉を書いた手紙といっしょに名刺を郵送します。

▶出し遅れた！

解決！

「ごあいさつが遅くなりました」とお詫びを

最初に名刺交換するタイミングを逃してしまったら、話が一段落ついたときなどを見計らってあいさつします。あいさつするのが遅くなったことをお詫びするのを忘れずに。

▶相手の名前が読めない！

解決！

その場ですぐに相手に聞く

相手の名刺を確認してすぐに「申し訳ございません。こちらのお名前は何とお読みすればよろしいのですか」と相手に尋ねます。タイミングを逃すと、どんどん気まずくなるのですぐに解消を。

▶スペースが狭い！

解決！

「座ったまま失礼いたします」

名刺交換は立って行うものですが、狭い店内で立つスペースがないときは座ったまま行ってもかまいません。また、テーブル越しに交換をする場合も、かならず「テーブル越しに失礼いたします」と伝えます。

▶上司より先に自分があいさつされた！

解決！

すぐに上司を紹介する

そのまま自分が先にあいさつしたら、上司に失礼になるため、「上司の佐々木でございます」と上司を紹介して先に交換してもらいます。そのような事態を防ぐためにも、上司より後ろに立つなど控えめにふるまって。

Q 訪問したのにもたもたしていたら、相手に先に渡されてしまった…

↑LEVEL UP

できる人は名刺交換で話を広げる！

会社のロゴ、名刺デザイン

「こちらの御社のロゴ、素敵ですね！」
「何かをモチーフになさっているのですか？」などと聞くのもよいですが、相手がそれを知らない場合は恥をかかせてしまうことも。褒めるにとどめておくほうが無難です。

相手の名前

「○○様という名字の方に初めてお目にかかりました。ご出身はどちらでいらっしゃいますか？」
ほかにも「可愛らしいお名前ですね」「名前の由来は何ですか？」「次郎様ということはお兄様がいらっしゃるのですか？」などと続けるのもよいでしょう。

会社の所在地

「神保町ですか。おいしいカレー屋さんがたくさんありますよね」
会社の所在地にまつわる話はどんなものでもかまいません。「神保町というと、ここまでは地下鉄をご使用ですか」「学生時代によく行きました」など、路線についてやその地にまつわるエピソードなどもよいでしょう。

名刺を管理するコツ

▶相手の情報を名刺に書き込む

後日忘れないように、相手の情報を書きます。その場で書くのは失礼なので、帰社してから鉛筆で記入しましょう。

▶しっかり保管する

いただいた名刺は紛失しないよう、保管しておきます。職種別、案件別、よく会う人などと分類するとわかりやすいでしょう。

POINT 保管方法
・ファイリング ・ケース ・デジタル

POINT 記入する内容
・会った日付 ・会った場所 ・会った用件
・会話の内容 ・相手の特徴 など

↑LEVEL UP

前回話したことを次回でふれる

相手と話したことは、たとえ雑談でもしっかり記憶しておきましょう。次回会ったときに「前回お話しされていましたが、ゴルフには行かれましたか？」などと話題に出すと、相手から「しっかり話を聞いている人だな」と好印象をもたれます。

 「恐縮でございます」と気持ちを伝えたうえで受け取ります。そして、「申し遅れまして、たいへん失礼いたしました」と丁重にお詫びをしてから、自分の名刺を渡します。

紹介のしかた

☐ **ここが大事！**：目上の人に対して目下の人を紹介するのが基本

紹介の基本

▶本人に自己紹介はさせず仲介者が紹介する

「こちら弊社営業部の田中です」
「こちら○○社営業部の中村様です」

紹介をするときは、まず引き合わせた仲介者が、紹介する人の簡単なプロフィールを相手に伝えてから、本人どうしがあいさつをします。このとき、どちらの人のプロフィールを先に紹介するかが重要となるので、順番には注意しましょう。

▶関係が深い人から紹介する

基本的には、より親しい人や役職が下の人から先に、プロフィールを伝えます。状況によって変わるため、下記の表で確認しましょう。

先に紹介		あとに紹介
社内の人	→	社外の人
紹介を頼んだ人	→	紹介される側
つき合いの深い人	→	つき合いの浅い人
ひとり	→	複数
身内の家族	→	他人
役職が下	→	役職が上

状況別の紹介順

▶社外の人に上司を紹介

「営業部、部長のAです」
「いつもお世話になっている○○社のB様です」

▶複数の上司を紹介

「営業部、部長のAと、課長のBです」
「いつもお世話になっている○○社のC様です」

▶互いの上司を引き合わせる

自分「こちら弊社部長のAです」
自分「私は田中と申します」
相手担当者「こちら弊社部長のBです」
相手担当者「私は担当の中村と申します」

✕NG

- 事前の連絡なく紹介する
- 同席の理由を告げない
- 仲介者が途中で席を外す

Q 双方を紹介したらずっとその場にいなければだめ？

社外どうしの人の紹介

▶親しい人や役職の上下 どちらを先に紹介する?

AさんもBさんも同等の役職なら、つき合いの深いBさんのほうを身内と考え、BさんをAさんに紹介するのが先となります。その際は「いつもお世話になっている」などとひと言添えると丁寧です。

（Aさんに対して）
「こちらがわたくしどもがいつもお世話になっております、○○社営業部部長のB様です」
（Bさんに対して）
「こちら△△社営業部部長のA様です」

紹介してもらう

▶相手に一報入れていただく

紹介してほしい旨を伝え、相手にも「今度田中様という方を紹介します」と事前に伝えてもらいます。その際に、どんな仕事をしているかなどの簡単なプロフィールも伝えてもらうと、当日の話題になります。

▶紹介してもらった旨を伝える

仲介者がその場にいないときは「○○社の佐藤様に紹介していただきました。××社の田中と申します」と、紹介してくれた仲介者の名前を出してあいさつします。

↑LEVEL UP

できる人は話題づくりも

▶事前にひと言断りを入れる
「田中さん、今度いつもお世話になっている安藤様という方をご紹介します」

▶紹介する相手の情報を伝える
「安藤様は田中さんと同様にゴルフが趣味だそうですよ」

▶当日は会話の糸口を提供する
「安藤様には、以前A社のプロジェクトにてディレクションを担当していただきました」
「安藤様は先日もゴルフに行かれたようですね。田中さんもゴルフが好きなんですよ」

ただ双方を紹介するだけではなく、なごやかに交流が図れるようにするのも紹介者の役目。共通の趣味など、会話の糸口を提供し、紹介者が不在でも会話ができるように促します。

A 初対面どうしでは互いの情報が少ないため、話題が早く尽きてしまいがちです。なるべく中座はせずに会話を盛り上げたり、とりもったりする役目を担うとよいでしょう。

アポイントのとり方

☐ ここが大事！：相手の都合に合わせて面談日時を決める

アポイントをとる手順

1 電話をかける前に訪問の目的などを整理する

訪問する目的やこちらの希望する日程、所要時間の目安などを整理しておきます。手元にはメモや手帳を用意します。

POINT
確認すること
・こちらの希望日時
・訪問人数
・訪問する目的
・所要時間

2 電話をかけて用件を伝える

「○○の件につきまして、30分ほどお時間をいただきたいのですが……」

何の件で訪問したいのかを明確に伝えます。どれくらい時間を要するのかも伝えると、相手が判断しやすくなり親切です。

✗ NG
面談する必要のない用件
商談は電話やメールより相手の時間を奪うことになります。口頭や文面で伝わる内容であれば、電話やメールですませましょう。アポイントを申し込む前に、本当に訪問する必要があるか上司に確認するとよいでしょう。

3 相手の都合を聞く

「来週のご都合はいかがでしょうか」

相手の都合を優先するのが基本マナー。ある程度の時期を指定し、都合のよい日時を聞きます。上司が同行する場合は、あらかじめ上司の都合も聞いておきます。

↑ LEVEL UP

確認のメールを送る
相手の手元に記録を残すためにも、確認のメールを送信します。また、訪問当日まで期間があくと、当日に相手が予定を忘れている可能性もあるので、アポイント前日には確認メールを送ると安心です。

ご足労いただくときは地図も送る
自社や社外の場所などで打ち合わせを行うときは、その場所のホームページのURLなどをメールで送信したうえで、わかりやすい道順や目印などを別途、文章で記すと親切です。

4 日時を決めて復唱する

「では、3月3日月曜日の13時に御社へ伺います」

相手の提示する日時でこちらの都合もよいものがあれば、決定します。電話を切る前に日程、開始時刻、場所を復唱して確認します。

Q 相手の都合に合わせる余裕がないときは？

営業職のためのテレアポテクニック

▶ふだんよりも声のトーンを高くする

ふだんより高いトーンで、明るく爽やかに。ただし、あまりに明るくしすぎると、相手には不快だったり威圧的に聞こえたりすることも。受け入れてもらえるよう落ち着いた、安心感のある話し方を心がけましょう。

▶売り込むよりほしがらせる

商品の自慢ばかりされたら、たとえ本当によい商品だとしても、嫌になってしまいます。お客様の悩みや要望をしっかり聞いて、「それでは、こちらの商品が人気です」と紹介すれば、押しつけがましい印象は与えません。

▶くわしすぎる話はしない

「〇〇様にぴったりの商品をご提案をさせていただきたいのですが、資料をお持ちしてもよろしいでしょうか？」などと、相手が「会ってみてもいいかな」と思うような提案を。

×NG
- しつこい
- 早口でまくしたてる
- 一方的に話す
- 声が小さく聞きとれない
- マニュアル文を読んでいる
- 感情がない

こんなときどうする？ テレアポのお悩み

すぐに電話を切られないコツが知りたい

解決！
用件に入る前にダラダラと話すと、相手は何の話かわからず、切りたくなってしまいます。「本日は〇〇の商品のご案内なのですが、5分ほどお時間いただいてもよろしいでしょうか」と手短に用件を話しましょう。

どの時間帯にかけるのが正解？

解決！
職場にもよりますが、10～11時頃や休憩直後、16時以降などは比較的余裕があり、丁寧に対応してもらえる可能性があります。ただし、ご家庭にかける場合は、午前中は家事で忙しいので、14～16時頃がよいでしょう。

いつかけても「外出中」と言われてしまう……

解決！
戻り時間を聞いて再度かけ直し、「先ほど15時くらいにお戻りと伺ったのですが」と伝えてつないでもらいます。あまりしつこくすると悪印象を与えてしまうので、概要を伝言するのもよいでしょう。

A 予定が立て込んでいるのなら、「こちらの都合で誠に申し訳ないのですが、〇日の〇時からはいかがでしょうか」とクッション言葉を使って提案すれば、問題ありません。

会社訪問のしかた

☐ ここが大事！：失礼のないように、細心の注意と気遣いを

訪問前に準備すること

▶前日に先方に確認する
訪問までに期間があいたときは、訪問する前日に「明日は○時からよろしくお願いいたします」と確認の電話やメールをします。

▶交通手段などを調べる
交通トラブルも考慮し、時間には余裕をもって行動します。会社までの地図や、駅のどの出口から出るのがよいかなどの確認も忘れずにしておきます。

▶持ち物を用意する
当日予定外の同席者がいても大丈夫なように、資料は少し多めに用意します。そのほか、名刺や筆記用具はもちろん、地図や電話番号を控えるのも忘れずに。

↑LEVEL UP
携帯電話の番号を伝えておく
当日に予定が急遽変更になったときなどに、すぐに連絡をもらうために伝えておきます。前日に確認メールを送る際に伝え、同時に相手の番号も聞いておくと安心です。

POINT
乗り換え時間に要注意
地下鉄の駅は、乗り換えの距離が遠かったり、地上に出るまでに時間がかかったりすることが多いので気をつけます。念のため、予定電車の1本前に乗ると安心でしょう。

POINT
コートは脱いで左手に
コートは外のほこりなどをまとっているので、訪問先の建物に入る前に脱いで裏返し、三つ折りにして左手にかけます。

到着後の手順

1 10分前には到着して身なりを整える
早めに到着し、髪の毛や服装の乱れをチェックします。大きな会社だと、フロアに着くまでに時間がかかることもあるので、余裕をもって到着を。

2 受付で取り次ぎを依頼する
「いつもお世話になっております。○○社営業部の田中と申します。13時に広報課の佐々木様とお約束をさせていただいております」
受付でもあいさつし、会社名、名前を名乗って取り次ぎを依頼します。

☑ここもCheck!
無人の電話受付では……
指定の番号を押し、相手を呼び出します。相手が出たら、会社名、名前をしっかり告げて相手の対応をその場で待ちます。

Q 遅刻しそうなときはどうする？

案内してもらうとき

▶廊下では相手の少し後ろを歩く

POINT

キョロキョロせず相手についていく

案内してくれる人の2〜3歩後ろを歩きます。社内には社外秘の情報もあるため、あまりキョロキョロと周りを見るのはやめましょう。自分ひとりでの訪問なら、到着までに雑談で場をほぐすとよいでしょう。上司と同行の場合はあまり積極的に話さず、上司のフォローをします。

▶階段でも案内係のあとを歩く

案内する人が先に歩くので、誘導に従って手すり側を歩きます。

▶エレベーターではお礼を忘れずに

すすめられたら、乗るときも降りるときも、「恐れ入ります」「ありがとうございます」とお礼のひと言を。

入室の手順

1 入室する

「失礼いたします」

相手がドアを開けてくれたら、「失礼いたします」と言って会釈してから入室します。

2 上座側の下手に座って待つ

訪問する側は相手にとってはお客様です。遠慮して下座に座ると、かえって相手を困らせてしまうこともあるので注意を。

☑ここもCheck!

上司と同行したとき

どんなときも、上司より控えめにふるまうのが基本なので、かならず上司のあとに入室します。着席も上司が座るのを待ってからにします。

↑LEVEL UP

案内してくれた人ともコミュニケーションを

案内してくれた人とも「素敵なインテリアですね」などと交流を。今後その人といっしょに仕事をするかもしれません。

A 予定時間に数分でも間に合わないとわかったらすぐに相手に連絡を。お詫びをして遅刻理由と到着予定時間を伝えます。その際は少し余裕をもった到着予定時刻を伝えましょう。

訪問先での過ごし方

☐ **ここが大事！**：客人だからと、横柄な態度はとらない

待機中の基本

▶ 雑談のネタを探す
話題になりそうなものを探しておくとスムーズに雑談ができます。応接室であれば、飾ってある絵や外の景色の話題などがおすすめ。

▶ かばんは足元に
荷物は下座側に置くのがマナー。かばんは、すすめられないかぎりは足元に置きます。ただし、手土産は相手に渡すものなので上座側のテーブルの上に。

▶ 浅く腰かける
椅子に深く座ると、横柄でだらしない印象に。背もたれにもたれず、背筋をまっすぐ伸ばして待ちます。

✓ ここも Check!
お茶は相手より先に飲まない

自分だけお茶を出された場合は、相手から「どうぞ」とすすめられてから飲みます。相手の分も用意されているときは、相手が口をつけたあとに飲みましょう。

相手が来たあとの手順

1 すぐ立ち上がりあいさつをする
すみやかに立ち上がり、あいさつをします。初対面であれば名刺交換を。相手に席をすすめられたら、着席しましょう。

2 軽い雑談をする
まずは軽い雑談で場を温めます。ただし、せっかちな人や、とても忙しい人が相手の場合は、「さっそくで恐縮ですが……」と、すぐに本題に入ったほうが好まれます。

3 本題スタート
「本日伺いましたのは○○の件です」と最初に全体のテーマを述べ、順序立てて説明します。

↑ LEVEL UP

スムーズに雑談に入る

初対面の場合は天気の話題や、オフィスの様子や立地の話題が話しやすいでしょう。2回目以降は相手の趣味の話題や近況報告などをすると距離が近づきます。

ポイントを明確にして簡潔に説明

「本日参りましたのは、○○についてです。ご相談したいことは3点ほどありまして、まず1点目は……」

最初に要点を整理して簡潔に話すことで、相手は商談の全体像が把握できるうえに、進行のための時間配分も考えられます。

Q 訪問後にお礼のメールなどを入れる？

手土産を渡す手順

1 先にあいさつをする
部屋に通されたら、手土産を袋から出して、机の上に置いて相手を待ちます。あいさつをしたら相手に正面を向けて渡します。お詫びのときは帰る際に渡すほうがよいでしょう。

2 ひと言添えて渡す
「こちら、お口に合えばよいのですが……」
「心ばかりのものですが」
ひと言添えて手土産を渡します。「紙袋は必要ですか？」と尋ね、相手が希望すれば渡します。

辞去するときの手順

1 決定事項を確認して切り上げる
「それでは、○○で進めていくということでよろしくお願いいたします」
訪問した側が切り上げるのが基本です。最後に決定したことを確認して「では、こちらの方向で進めます」などと締めます。

2 資料などをしまい立ち上がる
「本日はお忙しいなか、ありがとうございました」
すみやかに片づけて辞去します。上司と同行した場合は、上司より先に片づけてはいけません。ここでも雑談をしながら片づけ、なごやかに退室しましょう。

POINT　お詫びするとき

「このたびは誠に申し訳ありませんでした」とお詫びし、上体を90度傾ける最も深いお辞儀を。「心ばかりではございますが、どうぞお納めください」と手土産を渡します。

☑ここもCheck!

「つまらないものですが」はだめって本当？

これは本来は「誠意を込めて選びましたが、あなたのすばらしさを前にしたらどれもつまらないものに見えてしまう」という謙遜の気持ちを込めた言葉です。したがって使っても問題ありません。

☑ここもCheck!

次のアポに遅れそうなときは

「お話の途中でたいへん申し訳ありませんが、じつは次の予定がありまして」とまずはお詫びして事実を伝えます。そのうえで「続きは今晩お電話にてご相談できませんでしょうか」などと、相手に予定を聞いて今後の約束をとりつけましょう。

↑LEVEL UP

名刺をしまう前に会釈

いただいた名刺を名刺入れにしまうときは、両手で額の前に持ち、会釈します。「ありがたくちょうだいいたします」という気持ちを動作でアピールします。

 A 感謝の気持ちはできるだけ早く伝えることが大切です。はじめての相手や、大切な相手であれば、帰社後すぐにメールを送り、時間を割いてくれたことに感謝しましょう。

社外での打ち合わせ

☐ **ここが大事！**：社外であっても完璧なおもてなしを

場所確保の基本

▶落ち着いた場所で

相手や話題にもよりますが、コーヒーチェーン店やファミリーレストランなどの騒がしい場所は打ち合わせには向いていません。喫茶店やホテルのラウンジなど、落ち着いて話せる場所を選びます。

▶かならず予約を

予約可能なお店であれば、1週間ほど前には予約を。予約不可の場合は、訪問予定時間帯の混雑具合を事前に確認し、混む場合は早く到着して席を確保しておきます。

↑LEVEL UP

よい席を用意してもらう

出入り口やトイレ近くの席は人の出入りが多く、打ち合わせには向いていません。予約時や当日に、打ち合わせのための利用であることを伝え、適した席に通してもらいましょう。お店の人に謙虚な姿勢でお願いするのがコツです。

連絡する内容

▶お店の場所

店名、住所、最寄り駅などの情報に加え、駅からの道順がわかる地図と、わかりやすく道順を書いた案内文を送ります。自分もはじめて行く場所の場合は、少し早めに到着し、先に場所を確認しておくと安心です。

▶携帯電話の番号

当日は相手や自分が遅刻したり、待ち合わせ場所で出会えなかったりすることもあります。お互いに連絡がとれるように、かならず自分の携帯電話の番号を伝え、可能であれば、相手の番号も教えてもらい、控えておくとよいでしょう。

▶目印

店の看板や近隣の店など、待ち合わせ場所の目印を知らせておくと親切です。初対面の場合は、自分の特徴を伝えるのも◎。

Q 喫煙席と禁煙席のどちらを選べばいいの？

打ち合わせの手順

1 早めにお店に着く

打ち合わせに適した席を確保するためにも、15～20分ほど前には到着します。出入り口やトイレから遠い席、相手がお店に入ったときに見つけやすい席を選ぶとよいでしょう。

2 相手が着いたらあいさつ

下座側の席に座り、相手が来たら立ち上がり、あいさつや名刺交換をします。立ち上がるとほかのお客さんの迷惑になるような狭い場所なら、座ったままあいさつを。相手に上座をすすめ、着席を促します。

3 軽く雑談をする

本題に入る前に、雑談で場をなごませます。「今日も暑いですね」「ここまで迷いませんでしたか？」「この場所は初めてですか？」などの話題がおすすめです。

4 本題を切り出す

飲み物が届き、ひと息ついたら「それでは、本日お話ししたいことは3点ありまして……」などと切り出し、本題へ入ります。資料を広げるときは、飲み物などの邪魔にならないよう注意を。

5 自分は残って支払いを

「本日はありがとうございました」と締め、「ここは弊社が支払いますので」と相手には先に帰っていただきます。支払いの際は、会社宛に領収書をもらうことを忘れずに。

↑LEVEL UP

お店の人に案内を頼む

入り口から見えないような、お店の奥の席に通された場合は、店員に待ち合わせであることを伝え、相手が来たら自分の席まで案内してもらうようにお願いするとよいでしょう。

POINT
まずは飲み物を

打ち合わせを始める前に、まずは飲み物を頼みます。飲み物も食事も、相手より手の込んだものを頼むと時間がかかり、相手を待たせてしまいます。食事や飲み物は相手と合わせるのが無難です。

✓ここもCheck!

もし相手が時間になってもこない場合は……

- 10分経過
  →相手の携帯電話にメールで連絡
- 15分経過
  →相手の携帯電話に電話
- 20～30分経過
  →相手の会社に電話

相手のほうが目上の立場であれば、1時間は待ったほうがよいでしょう。相手と連絡がとれても責めはせずに、「事故ではなくてよかったです」などと、心配していたことを伝えます。

A 相手が喫煙者であるなら、喫煙席を選ぶと気が利いています。どちらかわからないようであれば、禁煙席を選んだほうがベターです。

column 4

> できる人は知っている！

商談のうまい断り方

角の立たない断り方

▶最初から「できません」とは言わない

話を聞く前に無理だとわかっても、最初から相手を否定する言い方をすると心証が悪くなります。方法によっては対応可能になる話かもしれません。相手の話は最後まで聞き、聞いたうえで判断して断ります。

▶断る理由をしっかり説明する

断る理由が不明確だと、相手も納得できません。そもそも無理な話なのか、ある部分を改善すれば可能になるのかなどを伝えてあげると、相手も今後の方針を考えやすくなります。

▶クッション言葉を使って申し訳ない気持ちを

今後の関係のことも考慮し、「誠に申し訳ありませんが」「たいへん恐縮ですが」などとクッション言葉を使って断ります。また、「次の機会にぜひよろしくお願いします」と一言添えるのもよいでしょう。

POINT
断るときに便利なビジネスフレーズ

「誠に不本意ではありますが……」
「お気持ちは重々わかるのですが……」
「今回は見合わせることになってしまいました」
「上の者ともよく相談したのですが……」

☑ここもCheck!
オブラートに包んだ言い方

強い言い方では角が立つので、断る理由は明確にしつつ、オブラートに包んだ丁寧な言い方を心がけます。

- 「できない」
- →「むずかしい状況です」
  「お断りせざるを得ない状況です」
  「ご要望には添いかねます」
- 「受け入れられない」
- →「承服いたしかねます」
  「お引受けしかねます」
- 「どうしても無理」
- →「やむなくお断りさせていただきます」
  「ご容赦のほどお願い申し上げます」
- 「遠慮したい」
- →「辞退させていただきます」
  「ご遠慮申し上げます」

✕NG
断る理由は正直に！

引き受けられない理由を相手に伝えるときに嘘をついてごまかすと、今後のつき合いに影響が出ることも。クッション言葉を使って、申し訳ない気持ちを伝えながら正直に理由を話します。

☑ここもCheck!
妥協点を見つける

「上の者と検討してみた結果、○月○日までに○○ということでしたらお引き受けできます。いかがいたしましょうか」

いちど社に持ち帰って再検討する場合は、スケジュールや予算などで双方の妥協点を見つけ、提案します。

5章

Chapter 5

できる人の モノの言い方

質問する

☐ ここが大事！：相手に非があっても、自分が悪いという姿勢で尋ねる

CASE 1 上司や目上の人にものを教わるとき

課長のご意見を
ご教示いただけるとありがたいのですが

解説 「教えてください」でもおかしくはありませんが、目上の人を立てる言い方で敬意をあらわすことで、自尊心もくすぐれます。

言いかえ 「お教えいただきたいのですが」

CASE 2 あいまいな話の内容を確認するとき

ただいまのお話は
○○という解釈でよろしいでしょうか？

解説 話が理路整然とせずわかりにくいときなどに使う。「こちらの理解不足かもしれませんが」という言葉をつけ加えるとさらに丁寧に。

NG 「○○ということですね」

CASE 3 上司や目上の人に質問を投げかけるとき

こちらの作業について
少々伺いたいことがあるのですが

解説 「ちょっと」は「少々」に言い換え、へりくだった表現に。「2点ほど」「5分ほど」などと、所要時間などを明確にするとさらに気が利いています。

NG 「ちょっと聞きたいんですけど」

CASE 4 相手が知っているかどうかを確認したいとき

A社の○○という商品を
ご存じでしょうか？

解説 下手すると相手を下に見ているように聞こえてしまうので、しっかり敬語表現を使って誤解のないように。

NG 「知っていますか？」

Chapter5 できる人のモノの言い方

CASE 5 相手に自分の送ったメールを見たかどうかを確認したいとき

今朝のメール
ご覧になっていただけましたでしょうか?

解説 責めるような言い方はせず、あくまで見たかどうかの確認をするのみに。「ご多忙のところ恐縮ですが」などのクッション言葉は必須。

言いかえ 「今朝送信いたしましたメールは届いておりますでしょうか」

CASE 6 相手にわかったかどうか聞きたいとき

ただいまの説明で
何かご不明な点はございますでしょうか

解説 相手の能力を問うような表現はせず、こちらの説明に不充分な点はなかったかどうかを確認します。

NG 「おわかりになりましたか?」

CASE 7 少し聞きづらいことを聞きたいとき

差し支えなければ
年齢をお伺いしてもよろしいでしょうか?

解説 相手に返答を断るという選択肢を与えることが重要です。答えてもらえないようなら、深く追及してはいけません。

NG 「失礼ですが、年齢はおいくつでいらっしゃいますか?」

[社外向けなら]

CASE 1 相手が忘れていそうなことを聞くとき

念のため確認させていただきますが
この点はいかがなさいますか?

解説 念のためと前置きすることで、相手を責め立てる印象を与えないようにします。

CASE 2 相手のミスを指摘したいとき

私の勘違いでしたら申し訳ないのですが
これは○○ではないでしょうか?

解説 相手の責任であることが濃厚でも、それを決めつけないように聞きます。

依頼する

☑ **ここが大事！**：相手への気遣いを忘れない言い方をする

CASE 1 相手に企画書や資料を読んでもらいたいとき

企画書を作成いたしましたので
ご一読いただけると幸いです

解説 「ご確認いただきたい」などの言い方では、押しつけがましい印象を与えることも。「幸いです」と控えめに。

NG 「読んでおいてください」

CASE 2 相手にしてほしいことがあるとき

ご多忙のところ恐縮ですが
○○していただけますと助かります

解説 相手に頼んだ内容に期限や条件があるときに使います。強制する言い方ではありませんが、こちらの希望を伝えられます。

言いかえ 「よろしければ、○○していただければ幸いです」

CASE 3 一方的なお願いをしたいとき

こちらの都合でたいへん申し訳ないのですが
明日までにお返事をいただけますでしょうか？

解説 いきなり自分の要望を伝えるのではなく、こちらの都合で申し訳ないという気持ちを充分にあらわしましょう。

言いかえ 「誠に勝手なお願いで申し訳ありませんが……」

CASE 4 相手に依頼内容を検討してほしい

お忙しいなか申し訳ございませんが
ご検討いただければ幸いです

解説 依頼するときやお願いするときの、定番の締めフレーズ。「お忙しいなか……」などのクッション言葉を使うとなおよいでしょう。

NG 「考えておいてくれますか？」

CASE 5 忙しい人に確認をお願いしたいとき

たいへんお忙しいなか恐縮でございますが
お手すきの際にご確認いただければ幸いです

解説 急ぎの案件ではなくても、頼みたいことがあるときに使います。「忙しいなか、申し訳ない」という気持ちが伝えられます。

NG 「暇なときに確認しておいてください」

CASE 6 少し強く依頼したいことがあるとき

少々むずかしい案件があるのですが
ぜひお力を貸していただけないでしょうか?

解説 どうしても相手に依頼したいことがあるときは、「ぜひ」などの強調表現を使います。ただし、威圧的な言い方にならないように注意します。

NG 「絶対に○○さんにしてほしいのですが」

CASE 7 してほしいことを遠回しに伝えたいとき

○○していただけると
ありがたいのですが……

解説 言いづらいことや相手を急かす表現になってしまいそうなときは、遠回しに要望を伝えて角が立たないようにします。

言いかえ 「恐縮ですが、○○していただけると助かります」

[営業先で使えるフレーズ]

CASE 1 初対面から次の機会につなげたいとき

本日はこれで失礼いたします。
以後お見知りおきいただけると幸いです

解説 この言葉で相手に「この人は今後も何度か会いにくるのだな」と意識づけられます。

CASE 2 取引先を紹介してほしいとき

よろしくお取りなしのほど
お願い申し上げます。

解説 「お取りなし」は仲介という意味もあります。こちらのほうがより丁寧な言い方に。

Chapter5 できる人のモノの言い方

褒める

☐ **ここが大事！**：目上の人を褒めるときはとくに褒め方に注意する

CASE 1　上司や目上の人の腕前を褒めたいとき

ゴルフの腕前も
すばらしいですね

解説　自分と比較したり、卑下したりするのは印象がよくありません。「すばらしい」などの褒め言葉で率直に伝えましょう。

NG　「部長のゴルフの腕はたいしたものですね」

CASE 2　趣味の話を聞いているときのあいづち

○○の世界って
奥が深いんですね〜

解説　興味がない話であってもしっかりと聞き、感想を伝えます。「奥深い」は相手を不快にしない鉄板フレーズ。聞き流しているような感想はNG。

NG　「へ〜、そうなんですね」

CASE 3　相談に乗ってもらった案件がうまくいったとき

先日ご指導いただいた○○の件
課長のおかげで無事終わりました

解説　結果報告の際に「おかげさまでうまくいった」と強調し、心から感謝を伝えます。結果がどうあれ、相談に乗ってもらったことに感謝を。

言いかえ　「おかげ様でこのような結果をあげることができました」

CASE 4　上司が出したアイデアを褒めたいとき

ここまでは考えが及びませんでした。
さすが目のつけどころが違いますね！

解説　「自分の能力ではこのような考えには至りませんでした」と自分を下げることで相手を一層称え、相手の実力を敬う気持ちを伝えます。

NG　「そういう考えもありますね」

Chapter5 できる人のモノの言い方

CASE 5 相手の知識の深さを褒めたいとき

課長のお話はいつも学ぶことが多くて
たいへん勉強になります

解説 知識の深さや経験の豊かさを褒められると、どんな人でも嬉しいものです。「学ばせてもらっている」という姿勢で聞きましょう。

言いかえ 「経験の幅と深さが違いますね」

CASE 6 他人の協力を褒めたいとき

○○さんのお力添えで
A社への企画が通りました。

解説 「お力添え」「おかげ様で」と感謝の気持ちを伝えます。部下や同僚を褒めるときも、「おかげで」とひと言添えると、やる気を引き出せます。

NG 「できるもんですね」

CASE 7 部下や後輩に仕事を任せたいとき

○○さんならこの仕事を
安心して任せられます

解説 お願いをするときにも、褒めることは重要です。「安心している」と言われると、相手はぐんとモチベーションが上がるものです。

NG 「頼んだよ」「やっといて」

[褒められたらどう返す？]

CASE 1 感謝を伝える

過分なお言葉、恐縮です
ありがとうございます。

解説 褒めてもらったことを素直に喜び、仕事への意気込みにつなげます。

CASE 2 相手を褒め返す

ありがとうございます。これもすべて、
○○さんのご指導のおかげです

解説 自分を成長させてくれた相手への感謝を伝えます。

注意する

☐ **ここが大事！**：相手を責めるのではなく、問題に気づかせる

CASE 1 相手の作業が遅いとき

余裕を持つのも大事ですが
少しペースを上げることは可能でしょうか?

解説 まずは相手を肯定することが大切です。そのうえで、アドバイスをする言い方でやんわりとペースを上げることを促します。

NG 「仕事が遅いですね。やる気あるんですか？」

CASE 2 以前注意したミスをもう一度されたとき

前回と同じ失敗ですが
何が原因だと思われますか?

解説 頭ごなしに「前も言ったよな」などと叱るのではなく、なぜ同じミスをくり返してしまうのか、原因を相手自身に考えてもらいます。

NG 「何度も言わせないでください」

CASE 3 相手が意見を出してこないとき

私の意見を尊重してくださるのは嬉しいのですが
〇〇様はいかがお考えになられますか?

解説 相手の短所を長所として置き換え、まずは褒めることが大事です。そのあとで、「あなたの意見も聞かせてくれませんか？」と続けましょう。

NG 「自分の意見はないんですか？」

CASE 4 なかなか実力を発揮できていないことを指摘する

まだ失敗もときにはありますが
〇〇さんには可能性があると信じてます

解説 結果を出せないことにいちばん落ち込んでいるのは本人のはずです。自信をもたせてあげ、伸ばしましょう。

言いかえ 「こんな失敗〇〇さんらしくないね」

CASE 5　相手の間違いを指摘したいとき

何かの手違いかもしれませんが
ご確認いただけますでしょうか?

解説　何か問題が起きたときに、相手の悪意を疑ってはいけません。たまたま手違いで起きたトラブルであることを前提に伺いを立てます。

NG　「ミスですか? 確認してください」

CASE 6　どうしても相手に対応してもらいたいとき

そちらに対応していただくのが
筋ではないかと存じます

解説　相手に責任をもって対応してほしいときに「筋を通す」という意味を込めて、「筋」という言葉を使います。

NG　「そっちが対応してくださいよ」

CASE 7　自社の顔がつぶれると言いたいとき

このような結果では弊社の
立つ瀬がございません

解説　「面目を失う」という意味の「立つ瀬がない」を丁寧な言い方に。会社として問題であると伝えて、相手にプレッシャーをかけます。

言いかえ　「弊社の信用問題にかかわります」

[怒りを伝えるなら]

CASE 1　相手に文句を言いたいとき

今回の件につきましては
たいへん困惑しております

解説　こちらが望む対応をしてくれなかったことに対して、抗議の意を伝えます。

CASE 2　結果が残念だと伝えたいとき

このような結果になり
誠に遺憾に感じております

解説　丁寧に「期待したとおりに事が運ばなかった」ということを伝える表現です。

指摘する

☐ **ここが大事！**：言いにくいことだからこそ、角の立たない言い方を

CASE 1　相手の間違いを指摘したいとき

たいへん恐縮ですが
こちらをご確認いただけますでしょうか？

解説　この場合の「恐縮ですが」は、間違いを指摘することと、確認いただくことの両方が「恐縮です」という意味となります。

NG　「これ間違っていませんか？」

CASE 2　以前頼んだことを相手が忘れているとき

そういえば
先日お願いした○○についてなのですが……

解説　「そういえば」と話の流れで思い出したように言って、相手を責める言い方にならないようにします。

NG　「先日お願いした○○、まだ返事をもらっていませんが」

CASE 3　こちらの発言を相手が誤解しているとき

お聞きしていると、どうやらご認識に
齟齬があるようですが……

解説　相手に非があるような言い方はせず、お互いに誤解が生じていたとやんわりと伝えます。

言いかえ　「誤解を招いてしまい申し訳ございません。しかしながら、その件は……」

CASE 4　相談したら的はずれな意見を言われたとき

なるほど○○ということですね。
では××についてはいかがですか？

解説　相手は相談に乗ってくれているので、その好意をはねのけることは失礼です。一度受け止め、再度聞きたいことを投げかけてみます。

NG　「そういうことを聞いているのではなく……」

謝る

☐ ここが大事！：自分の非を認め、誠意をもってお詫びする

CASE 1　深く丁寧なお詫びするとき

このたびは誠にご迷惑をおかけしました。
深く陳謝いたします

解説　「陳謝」とは事情を述べて謝ること。「このたびの不祥事、深く陳謝いたします」などと使います。「深く」をつけることで、より丁寧なお詫びに。

言いかえ　「幾重にもお詫び申し上げます」

CASE 2　ミスをくり返さないと誓うとき

今後はこのような不手際がないよう
厳重に注意をいたす所存でございます

解説　「気をつけます」などの表現より、今後二度とくり返さないという決意があらわれます。

言いかえ　「肝に銘じます」

CASE 3　説明不足をお詫びするとき

今回の件につきましては、私の
言葉が足りず申し訳ございませんでした

解説　たとえ、自分は「きちんと言ったのに」と思っていても、自分の説明不足だったとお詫びして相手を納得させるフレーズです。

NG　「ちゃんと伝わってなかったですか？」

CASE 4　自分の力不足をお詫びしたいとき

今回のスケジュールの遅れは
私の不徳のいたすところです

解説　自分が引き起こした事故・失敗について謝罪するときの表現です。反省している様がよく出ます。

言いかえ　「私の力不足で申し訳ございません」

励ます

☐ **ここが大事！**：上から目線にならないように相手を気遣う言葉を選ぶ

CASE 1　失敗した同僚を励ますとき

気持ちはわかるけれど、そう落ち込むなよ。
いい経験になったじゃないか

解説　失敗は成功のもと。失敗を責めたり、念を押して注意をしたりはせず、「いい経験」とプラス表現を使います。

NG　「これからは失敗するなよ」

CASE 2　上司の仕事を応援したいとき

いつもたいへんお忙しくされていますね。
陰ながら応援させていただきます

解説　目上の人に「がんばってください」と言うと、敬意が感じられないと評価する上司もいるのでNGです。謙虚に気持ちを伝えましょう。

言いかえ　「ご成功をお祈り申し上げます」

CASE 3　相手の苦労を察するとき

そのようなことがおありだったのですね。
ご心痛のほどお察しいたします

解説　相手のつらい心情を理解していると伝える表現です。下手に同情の言葉をかけるより、相手に気持ちが伝わります。

言いかえ　「心中お察し申し上げます」

CASE 4　謝られた相手に気にしないでほしいと伝えたいとき

お気遣いいただきありがとうございます。
お気になさらないでください

解説　丁寧にお詫びしてくれたことへの感謝の気持ちと、気にしないでほしいという配慮が伝わります。

NG　「気にすることはありません」

商談する

☐ **ここが大事！**：商談の内容だけではなく相手への思いやりも大事

CASE 1　初対面の人と会うとき

はじめてお目にかかります
私は株式会社○○の田中と申します。

解説　「はじめまして」でもよいですが、「お目にかかる」を使うことで、より丁寧な印象を与えられます。喜びの気持ちも伝えるとよいでしょう。

言いかえ　「お目にかかれて光栄です」

CASE 2　相手の会社以外で商談するとき

本日はご足労いただきまして
誠にありがとうございます。

解説　自社や社外の喫茶店などに来ていただく場合は、まずそのことのお礼を伝えます。雨の日なら「お足元の悪いなか」を頭につけます。

NG　「わざわざありがとうございます」

CASE 3　久しぶりに会うとき

ご無沙汰いたしております。
お元気そうでなによりです

解説　「お元気ですか？」と尋ねるよりも、「お元気そうに見えます」という気持ちを伝えることで、相手に安心感を与えます。

言いかえ　「ご活躍のご様子は拝見しております」

CASE 4　商談の帰り際に

本日はありがとうございました。
またお目にかかれることを楽しみにしております

解説　今後もつき合いを続けていきたい相手の場合は、その気持ちを伝えます。「いつか」という言葉は遠い未来に感じられるので避けます。

NG　「ではまたいつか」

提案する

☐ **ここが大事！**：角が立たないよう、やんわりとした言い方をする

CASE 1　自分の意見を述べるとき

私見ではございますが
ひとつご提案をさせていただけますでしょうか？

解説　「私見」は自分の意見をへりくだって述べるときに使います。「愚見」「私感」も同じ意味をもちます。

NG　「ちょっと言いたいんですけど……」

CASE 2　自分の意見に対する評価を問うとき

○○と思うのですが
いかがでしょうか？

解説　相手の意見を聞きたいときの常套句。「どうですか？」より改まった言い方になります。確認するときは「いかがなさいますか？」に。

言いかえ　「どのように思われますか？」

CASE 3　選択肢から自分の意見を選ぶとき

それでしたらB案のほうが
よろしいのではないでしょうか？

解説　「よいのでは」を丁寧に「よろしいのでは」と言いかえます。自分の意見を言うときは「私見ですが……」と続けるとよいでしょう。

NG　「だったら、B案のほうがいいんじゃないですか？」

CASE 4　自分から説明をさせてもらいたいとき

その件につきましては
私からご説明いたします

解説　前置きしてから、くわしい説明を始めます。「皆様」「あなた様」に説明するので、「ご」をつけてより丁寧な言い方にします。

NG　「説明しますと……」

CASE 5　代替案を提案するとき

こちらがむずかしいということであれば
○○というのはいかがでしょうか?

解説　意見に反対されたときは、代替案を出して相手の反応を伺います。受けるときは「それでしたらお引き受けいたします」と言います。

NG　「なら、○○はどうです?」

CASE 6　相手への反対意見を述べるとき

○○さんのおっしゃることもごもっともですが
××というのはいかがでしょうか?

解説　反対意見はかならず相手の意見を肯定してから述べます。自分の意見も角が立たないような言い方で述べます。

NG　「××のほうが絶対いいと思います」

CASE 7　相手に考え直してもらうことを提案するとき

○○をよりよくするには
再考の余地があると考えております

解説　ストレートに否定すると角が立つので、「今の案件をよりよくするために」と前置きしてやんわりと伝えます。

NG　「もう一度考え直してください」

[苦手な上司に自分の意見を提案する]

CASE 1　プライドの高い上司に提案するとき

私は先方にこの案を提案したいのですが
ご指示を仰げないでしょうか?

解説　プライドを傷つけないよう、相手に判断を任せているとアピールします。

CASE 2　理屈っぽい上司に提案するとき

この件に関してはこちらの案にしたほうがよいと思います。
その理由は……

解説　理論重視の人には、意見を述べてから、根拠を示すとよいでしょう。

Chapter5　できる人のモノの言い方

交渉する

☑ **ここが大事！**：スムーズに進めるためにもより丁寧な言い方を心がける

CASE 1 相手の提案を聞くとき

よろしければ
お話をお聞かせ願えますか？

解説 「聞かせてもらっていいですか？」は間違いではありませんが、カジュアルな印象を与えます。敬意を払った姿勢でお願いしましょう。

言いかえ 「お話を伺わせていただけますでしょうか？」

CASE 2 こちらからの提案を受け入れてくれたとき

誠にありがとうございます。
心より感謝いたします

解説 譲歩してくれたときは、ふだんより丁寧な言い方でお礼を。「誠に」「本当に」などをつけると感謝の気持ちがより深く伝わります。

言いかえ 「無理なお願いにもかかわらず、本当にありがとうございます」

CASE 3 無理なお願いを聞いてほしいとき

ご無理を申し上げ誠に恐縮でございますが
なんとかお取り計らいを願えませんでしょうか？

解説 申し訳ない気持ちをあらわすために、「誠に」をつけてより丁寧な表現に。「お取り計らい」を使って、敬意を込めて相手に頼みます。

NG 「なんとかなりませんか？」

CASE 4 相手の要望の意図がつかめないとき

こちらの理解力不足で申し訳なく存じますが
お話の趣旨が少々わかりかねます

解説 ストレートに表現してはいけません。相手に問題があると思われないように注意して、もう一度説明してほしいという気持ちを伝えます。

NG 「何が言いたいんですか？」

CASE 5 前に聞いていた話と違うとき

私の認識不足かもしれないのですが
念のため確認させていただいてもよろしいでしょうか？

解説 角が立たないように、こちらに非がある可能性を示唆します。「○○という話でしたよね？」という気持ちは出さずに確認します。

NG「話が違うじゃないですか」

CASE 6 相手にできないと断られたとき

差し支えなければ、どのあたりが問題だったのか
ご教示いただくことは可能でしょうか？

解説「可能でしょうか？」と、相手に断る選択肢を与えながら伺いを立てることで、高圧的な印象にならずに、問題点を聞けます。

言いかえ「何が問題だったのか伺ってもよろしいでしょうか？」

CASE 7 相手の要望にできる範囲で応えたいとき

できるだけご希望に添えるように
尽力いたします

解説 むずかしい要望である場合は「できるだけ」と前置きしてもかまいません。「尽力する」という言い方で誠意を尽くす気持ちを伝えましょう。

言いかえ「できるだけご要望に応えられるように、力を尽くします」

［ 相手の要望を受け入れるとき ］

CASE 1 すぐにとりかかる案件
かしこまりました。では社に戻り次第
さっそくとりかからせていただきます。

解説「する」「やる」より丁寧な言い方で伝えます。

CASE 2 快く引き受ける案件
願ってもないお話です。
誠にありがとうございます。

解説「予想もしていなかったほど嬉しいこと」という気持ちを伝えます。

Chapter5 できる人のモノの言い方

お願いする

☐ **ここが大事!**：相手への気遣いを忘れずに、物腰のやわらかな言い方を

CASE 1　むずかしいことをお願いするとき

ご無理を承知で
お願い申し上げますが……

解説　こちらも「無理なお願い」であることを認めたうえで、申し訳ない気持ちを精いっぱいあらわします。

言いかえ　「たいへん忍びないのですが……」

CASE 2　強くお願いするとき

ご了承くださいますよう
切に願います

解説　「切に願う」は心から願うという意味です。どうしてもお願いしたいときの、強い気持ちをあらわすときに使います。

言いかえ　「伏してお願い申し上げます」

CASE 3　こちらの都合をお願いするとき

誠に勝手なお願いで
申し訳ないのですが……

解説　こちらの都合で相手に苦労をかけるときは、こちらの非ということを認め、お詫びして丁寧にお願いします。

NG　「こっちの都合なんですが……」

CASE 4　相手に同情してもらいたいとき

何卒内情をお汲み取りいただきまして
ご検討くださいますようお願い申し上げます。

解説　むずかしいお願いをするときに「こちらも致し方ない事情でお願いしている」と相手に釈明します。

NG　「そこをなんとか……」

CASE 5 軽いお願いをするとき

差し支えなければ
お願いいたします。

解説 「差し支えなければ」は相手にとって都合の悪いことでなければという意味です。クッション言葉として使うことでやわらかい印象になります。

言いかえ 「よろしければお願いいたします」

CASE 6 改まったお願いをするとき

折り入って
お願いがあるのですが……

解説 「折り入って」とつけると、重要度の高いお願いであると伝わるので、相手も受け入れやすくなります。

言いかえ 「改めてお願いしたいことがありまして……」

CASE 7 対応をお願いするとき

善処いただきたく
お願い申し上げます。

解説 「善処」は適切な対応をとることです。「ご対応を……」と頼むよりも、丁寧なお願いのしかたになります。

NG 「なんとかしてください」

［ お願いをされたら ］

CASE 1 むずかしい仕事を受けたとき

及ばずながら
お手伝いさせていただきます。

解説 謙虚な姿勢を見せつつ、責任をもって引き受けます。

CASE 2 自信がない仕事を引き受ける

ご期待に添えるよう
努めます。

解説 たとえ自信がなくても、精いっぱい努力するという意思を伝えます。

Chapter5 できる人のモノの言い方

同意する

☐ **ここが大事！**：相手の要望や気持ちを受け入れる姿勢で応える

CASE 1　相手の意見に同意するとき

○○様の
おっしゃるとおりです

解説　相手の発言を真摯に受け止め、敬意を払って意見に賛同している姿勢をあらわします。「ございます」と言うとより丁寧になります。

NG　「○○様の言うとおりです」

CASE 2　相手の意見を受け入れるとき

そのご指摘
ごもっともでございます

解説　「そのとおり」を丁寧に言いかえた言い方で、相手の意見を受け入れます。反論する場合もこのフレーズを言ってから、自分の意見を。

NG　「たしかにわかりますが……」

CASE 3　同意するとき

15時までに資料を提出ということで
かしこまりました

解説　社内の人にも社外の人にも、同意を示すときはへりくだった言い方を。社内の人であれば「承知いたしました」でもOKです。

NG　「了解です」

CASE 4　相手の事情に共感する

○○様のお立場
お察しいたします

解説　相手が置かれた状況を理解して、苦労や事情に配慮する言い方です。交渉の場で条件が合わず断る場合に使うと、角が立ちません。

言いかえ　「ご事情重々承知しております」

反論する

☐ **ここが大事！**：あいまいな態度はせずにはっきりとした言葉で伝える

CASE 1 相手の意見を否定するとき

おっしゃることはわかりますが
少々納得いたしかねます

解説 反対意見を言うときは、まずいちど相手の意見や考えを受け止めたうえで、納得できない部分と理由を明確にし、次につなげましょう。

NG「それは違うと思います」

CASE 2 相手の意見に反対を示すとき

そのようなお考えであれば
ここは見解の分かれるところでございます

解説 自分たちの意見と相手の意見が異なることをはっきり伝えます。同意している部分とそうでない部分を明確にするのは大切なことです。

NG「その考え方もなくはないですね」

CASE 3 反対意見を提案するとき

御社のお考えもよろしいかと存じますが
僭越ながらご提案させていただきます

解説 相手の意見も受け取ったうえで、自分の意見を述べます。その際は「恐縮ですが」という気持ちを伝えたうえで、許可をとって発言します。

NG「お言葉を返すようですが」

CASE 4 反論という印象を与えたくないとき

基本的には賛成ですが
ただ1点だけ気になる点がございます

解説 全体の方向性自体には問題はないけれど、細かい点について意見があるときに使います。問題点を洗い出すことが大事です。

NG「これだと、この点がだめですよね？」

Chapter5 できる人のモノの言い方

断る

☐ **ここが大事！**：角が立たないように、クッション言葉などで言い方に気をつける

CASE 1　相手の要求を断るとき

この契約の締結は
いたしかねます

解説　はっきり「できない」と断るのではなく、「〜することがむずかしい」という意味の「いたしかねる」でやんわりと。

NG　「そんなのできません」

CASE 2　今後もよい関係を続けたいとき

たいへん魅力的ではありますが
今回は見送らせていただきます

解説　「見送る」という言葉を使って、より遠回しに断っています。「今回は」とつけることで、次回の可能性を期待させます。

言いかえ　「今回は遠慮させていただきます」

CASE 3　事情があって引き受けられないとき

誠に不本意ではございますが
お断りさせていただきます。

解説　「不本意」という言葉を使って、「本当は引き受けたい」という残念な気持ちを伝えます。

言いかえ　「願ってもないお話ですが……」

CASE 4　相手の機嫌を損ねずに断りたいとき

せっかくのご提案にもかかわらず
お力に添えず申し訳ありません

解説　断る旨を伝えてから、せっかくの申し出を断ることを「力になれなかった」と表現してお詫びします。謙虚な姿勢が伝わります。

言いかえ　「お役に立てず、申し訳ありません」

CASE 5 予定の都合がつかないとき

あいにくその日は
先約がありまして……

解説 「あいにく」は都合が悪いことを言うときに使う言葉です。予定が埋まっているときや、時間がとれないときに使いましょう。

NG 「その日は無理です」

CASE 6 相手が食い下がってきたとき

お気持ちは重々わかるのですが
何卒ご了承いただければと存じます。

解説 断っても相手がなかなか納得してくれないときに使います。相手の気持ちや要望を理解している姿勢が伝わります。

言いかえ 「何卒ご容赦いただけませんでしょうか」

CASE 7 謙遜して断るとき

そのような大役は
私にはもったいないお話でございます

解説 「自分が引き受けると相手に迷惑がかかってしまう」と謙遜して断る言い方です。自分には無理だと思うときに使います。

言いかえ 「私には荷が重うございます」

[ビジネス以外の断りフレーズ]

CASE 1 お酒が飲めないとき

申し訳ございません。
不調法ですので……

解説 「不調法」は酒の嗜みがないという意味。お詫びの言葉も添えて。

CASE 2 ありがた迷惑な話を受けたとき

お気持ちだけ
ありがたくちょうだいいたします。

解説 相手の心遣いに感謝し、やんわりと断るときに適しています。

Chapter5 できる人のモノの言い方

保留にする

☐ ここが大事！：あいまいな言い方にとどめ、断る言い方にならないように

CASE 1 すぐに返事ができないとき

たいへん申し訳ありませんが
一度社に持ち帰らせてください

解説 その場ですぐに返答ができないときはその旨を伝え、「社で検討します」「○日までにご返答いたします」などと続けます。

NG 「ちょっと考えさせてください」

CASE 2 自分では決められないとき

たいへん重要な案件ですので
私の一存では決めかねます

解説 「決められない」と言うと、自信がなさそうに聞こえるので「自分ひとりの考えでは決めるのがむずかしい」と伝えましょう。

NG 「私ひとりでは決められません」

CASE 3 考える時間がほしいとき

検討させていただきますので
少々お時間をいただけますでしょうか？

解説 即答できないときはもちろん、その場ですぐに断りづらいときにも使える便利フレーズです。結論を伝える日程も併せて伝えると◎。

言いかえ 「○日まで検討させていただいてもよろしいでしょうか」

CASE 4 相手にもう少し譲歩してほしいとき

申し訳ありませんが
少々決め手に欠けます

解説 商談などでこちらが有利な立場のときに。「迷いがあって結論が出せない」と伝えて、よりよい条件になるよう駆け引きをします。

言いかえ 「申し訳ありませんが、こちらでは決定力不足です」

催促する

☐ **ここが大事！**：こちらに過失がある可能性も示唆し、相手を責めない

CASE 1　相手の状況を確認するとき

○○の件は
その後どのようになっておりますでしょうか？

解説　「どうですか」はダイレクトな表現なので、「○○の件ですが、その後いかがでしょうか」などと、やんわりと伺いを立てます。

言いかえ　「その後、いかがなりましたでしょうか」

CASE 2　返事を催促するとき

行き違いでしたら申し訳ありませんが
ご返信をまだいただけていないと存じます。

解説　相手を責めないための鉄板フレーズ。こちらが相手のアクションに気づいていない可能性を含ませ、相手を責めない言い方に。

言いかえ　「何かの手違いかとも存じますが……」

CASE 3　相手の状況を案ずる

お送りしたメールが届いていないのではと思い
失礼とは存じますが再送させていただきます。

解説　あくまで「相手が返事をしていない」のではなく「相手にメールが届いていない」ことを心配する伝え方をします。

NG　「○日に送ったメール届いていますよね？」

CASE 4　対応を求めるとき

ご検討中のことと存じますが
ご対応をお願いいたします。

解説　相手の都合に配慮しながら、今後の対応を求めます。圧迫感を与えないよう、物腰やわらかな言い方を心がけます。

NG　「早く対応してください」

お礼をする

□ここが大事！：単に「ありがとう」ですまさず、状況に合わせた感謝の気持ちを伝える

CASE 1　相手の協力に感謝するとき

ご尽力くださり
お礼申し上げます

解説　「尽力」は文字どおり、力を尽くすという意味です。力を貸してくれたことに深く感謝していることが伝わります。

言いかえ　「お力添えくださり、ありがとうございます」

CASE 2　相手の厚意に感謝するとき

ご配慮くださり
誠にありがとうございます。

解説　相手に気遣いをしてもらったり、こちらの事情を汲んでいただいたりしたときには、通常よりもしっかりとしたお礼を。

言いかえ　「お心配りをありがとうございます」

CASE 3　打ち合わせのお礼をする

お忙しいなか貴重なお時間をちょうだいし
ありがとうございます。

解説　こちらからアポイントをとった場合、本題を始める前に時間をつくってくれたことに感謝するのが礼儀です。

言いかえ　「お忙しいなか、時間をつくってくださり、ありがとうございます」

CASE 4　いつもお世話になっている人にお礼する

いつもお力を貸してくださり
誠に頭が下がる思いです

解説　目上の人への使用はNGともいわれますが、本来「敬服・敬服する」という意味なので、問題はありません。誤解を避けるなら言いかえが無難。

NG　「すみませんでした」

CASE 5　相手に強い感謝の気持ちを示したいとき

このたびのことは
誠に恩にきます

解説　「ありがとうございました」よりも強い感謝の気持ちをあらわせます。いろいろな場面で使えるので覚えておくと便利です。

言いかえ　「深く感謝申し上げます」

CASE 6　過去の厚意に感謝する

その節はひとかたならぬご厚意を賜り
誠にありがとうございました。

解説　たとえ過去のことであっても、お世話になった人には何度も感謝を伝えます。目上の方には「賜る」を使い、さらに丁寧さを。

NG　「あのときはどうも」

CASE 7　人にお願いをしたとき

先日の案件は、おかげさまで大成功となりました。
○○さんにお願いしてよかったです

解説　「○○さん」にお願いをしたことが正解だったということを伝えます。名指しで認めてもらえると、相手は嬉しく思い、今後のおつき合いも発展します。

NG　「意外にもいい出来ばえでした」

贈り物をもらったとき

CASE 1　相手に品物をもらったとき

○○様のお心遣い
誠にありがとうございます。

解説　贈りものをもらったときや、気を遣ってもらったときは感謝の言葉を伝えます。

CASE 2　高価なものや金銭をいただいたとき

過分なお心遣いをちょうだいし
ありがとうございます。

解説　こちらがしたこと以上のお返しをいただいたときは、その気持ちを伝えます。

接待をする・される

☐ **ここが大事！**：酔っていても丁寧な言葉遣いは忘れることなく

CASE 1　相手を接待に誘う

日頃のお礼も兼ねて
一席設けさせていただければ幸いです

解説　「接待」などと直接的な表現はせず、「一席設ける」と言い換えて控えめな言い方で食事に誘います。

言いかえ　「ご紹介したいお店がありますので、よろしければいかがでしょうか？」

CASE 2　接待に誘って断られたとき

それは残念です。
またの機会を楽しみにしております

解説　断られたらすぐに引き下がります。残念な気持ちを伝えつつ、次の機会を期待するフレーズを。

NG　「え？ どうしてですか？」

CASE 3　取引先から誘われた接待に応じるとき

お誘いいただき恐縮です。
喜んでごいっしょさせていただきます

解説　誘いを受けたことへの感謝と喜びの気持ちを素直に伝えます。上司から「一緒に来るように」と誘われたら「お供いたします」と答えます。

言いかえ　「お言葉に甘えて伺います」

CASE 4　会の始めに

皆様おそろいになりましたので
まずはご一献差し上げましょう

解説　目上の人へお酒をすすめるときに使うあらたまった言い方です。「差し上げる」と謙譲語を使います。

NG　「では、飲みましょうか」

CASE 5　別れ際に

本日はおもてなしをいただき
誠にありがとうございました。

解説　接待を受けたときは決して傲慢にならず、心から感謝を伝えます。「おもてなしをいただき恐縮です」とつけ加えると控えめで◎。

言いかえ　「本日はこのような席を設けていただき、誠にありがとうございました」

CASE 6　支払いをもちたいとき

お誘いしたのはこちらですから
どうぞお気遣いなく

解説　「気遣いは無用」の丁寧な言い回しです。相手の申し出に遠慮したいときに使うと角が立ちません。

言いかえ　「どうかお気遣いなさいませぬようお願い申し上げます」

CASE 7　相手の支払いを断る

そのようなことをしていただいては
かえって気づまりになりますので

解説　相手が好意でしていることでも、反対に「自分にとっては気を遣うこと」ということをやんわりと伝え、断ります。

NG　「困りますのでやめてください」

[**お礼のメール**]

CASE 1　感謝を伝える

昨日はありがとうございました。
心なごむときを過ごさせていただきました。

解説　「楽しかった」を大人の言い方に。「充実した時間を」でも◎。

CASE 2　締めの言葉

今後とも一層のご厚誼ご指導を賜りますよう
よろしくお願い申し上げます。

解説　締めはしっかり今後のつき合いをお願いします。

column 5

できる人は知っている！ 時候のあいさつ

1月
- 「新春の候」
- 「初春の候」
- 「早いもので松の内も明け……」
- 「年が明け、おだやかな初春をお迎えのことと存じます」
- 「いよいよ本格的な寒さを迎え……」

2月
- 「立春の候」
- 「余寒の候」
- 「余寒厳しき折ではございますが……」
- 「梅のつぼみもふくらみはじめ……」
- 「春の陽気が待ち遠しい今日このごろ」

3月
- 「早春の候」・「春分の候」
- 「日増しに暖かくなり……」
- 「ようやく春めいてきました」
- 「桃の節句も過ぎ……」

4月
- 「春暖の候」・「晩春の候」
- 「春たけなわの折……」
- 「うららかな春の訪れとなりました」
- 「桜花爛漫の季節となりましたが……」

5月
- 「新緑の候」
- 「若葉の候」
- 「風薫る爽やかな季節となりました」
- 「若葉萌える季節を迎え……」
- 「暦の上ではもう夏になりましたが……」

6月
- 「梅雨の候」
- 「初夏の候」
- 「爽やかな初夏を迎え……」
- 「梅雨明けの待たれるこのごろ……」
- 「紫陽花が美しく咲く季節となりました」

7月
- 「盛夏の候」・「猛暑の候」
- 「本格的な夏の到来を感じさせる今日このごろ…」
- 「寝苦しい夜が続きますが……」
- 「ようやく梅雨が明け、美しい青空が戻ってまいりました」

8月
- 「残暑の候」
- 「立秋の候」
- 「残暑厳しき折……」
- 「涼しい季節が待ち遠しいこのごろ……」
- 「夜空に秋の気配を感じるころ……」

9月
- 「初秋の候」
- 「清涼の候」
- 「一雨ごとに涼しくなってまいりました」
- 「虫の声に秋の訪れを感じるようになり……」
- 「残暑去りがたく……」

10月
- 「仲秋の候」・「紅葉の候」
- 「実りの秋となりました」
- 「紅葉が美しい今日このごろですが……」
- 「色づいた街路樹に、秋の深まりを感じております」

11月
- 「晩秋の候」・「立冬の候」
- 「小春日和の今日このごろ」
- 「肌寒い日が続きますが……」
- 「ひときわ冷え込むようになりました」

12月
- 「初冬の候」・「師走の候」
- 「木枯らしが吹き……」
- 「いよいよ師走を迎え……」
- 「本年も余日少なくなってまいりました」

6章

Chapter 6

冠婚葬祭の基本とコツ

招待状の返事の出し方

☐ **ここが大事！**：招待状は出欠にかかわらずできるだけすみやかに返信する

出席する場合の書き方

「御」や「芳」などの敬語も忘れずに消します。

「慶ぶ」という字もあるが、本来は自らの喜びを示す「喜ぶ」が正しい書き方。

句読点は「切れる」「終わる」という意味合いになるため結婚式などのメッセージには使用しません。

出席に○をつけ、「御欠席」や「御」「芳」の字を二重線で消します。余白に、友人への祝福のメッセージや、ご両親への体調を気遣う言葉などを書くとよいでしょう。

欠席する場合の書き方

欠席に○をつけ、「御出席」や「御」「芳」の字を二重線で消します。欠席の場合は祝福のメッセージに加え、お詫びの言葉も書き添えましょう。

表側の書き方

「行」を二重線で消し、左に「様」と書きます。裏側だけ書いてそのまま出してしまいがちなので、注意しましょう。

↑LEVEL UP

最上級の「樣」を使う

「様」という字には、いくつかの形式があります。本来のマナーでは、「様」は自分より目下に使うものであり、相手に最も敬意を払う場合は、「樣」という字を使います。現代ではあまり使われていませんが、ご年配の方のなかには知っている方もいるので、「樣」を使うと一目置かれます。また、自分より少し目上の方に使うときは、「様」となります。

Q 仕事の都合がわからず、すぐに返事ができないときは？

おすすめひと言メッセージ例

▶出席のメッセージ

・ウエディングドレス姿 とても楽しみにしています

・おふたりの晴れの門出に立ち会わせていただくことを とてもうれしく思います

・このたびはお招きくださりありがとうございます
　当日を楽しみにしております

▶欠席のメッセージ

・たいへん残念なことに 欠席せざるを得ません 出席叶わず誠に申し訳なく存じます

・やむを得ない事情により 出席できず申し訳なく存じます
　別便で心ばかりのお祝いを贈りました お幸せをお祈りいたします

・やむを得ず出席が叶いませんが おふたりの挙式が素晴らしいものになりますよう お祈りいたしております

×NG
締め切りギリギリに出す

招待状を受け取ったら、出欠にかかわらず1週間以内に返事を出すのがマナーです。締め切り間際や、締め切り後に出してしまった場合は、すみやかにその旨を新郎新婦に伝え、ひと言お詫びしましょう。

POINT
欠席の理由はぼかす

具体的な理由は書かず、「やむを得ない事情で……」とぼかすのがマナーです。弔事など不幸と重なってしまった場合も、おめでたい席にふさわしくないのでかならずぼかしましょう。

↑LEVEL UP
祝電を出してお祝いする

1 メッセージを考える

欠席の際は電報で祝意を伝えます。電報サービスを行っている会社が用意している例文をベースに、新郎新婦を祝うメッセージを考えましょう。

ぬいぐるみや花つきの電報も

2 会場とお届け時間を確認する

披露宴が午後から始まる場合は、開始の2時間前までには届くように手配します。午前中に始まる場合は、会場に前日までに届くように（前日に受け取ってもらえるかどうかは会場に確認を）。

3 電報を申し込む

電話やインターネットで申し込みができます。近年では複数の電報サービス会社があります。

 新郎新婦に連絡し、ひとまず出席にしておくのか、欠席にしておいてあとから変更が可能なのかを相談しましょう。相談しづらい場合は、欠席にしておいたほうが無難でしょう。

結婚式の服装と持ち物

☐ **ここが大事！**：基本マナーを守りつつ、晴れの日にふさわしい華やかな格好を

男性の服装

▶シャツは白が基本
シャツは白を選びましょう。ネクタイは光沢のある白やシルバーグレーが基本です。アスコットタイを着用すると華やかさをプラスできます。

▶礼服のブラックスーツを
上着はシングルでもダブルでもかまいません。ビジネスシーンと同様、自分の体に合うサイズを選びましょう。

▶チーフで華やかに
ポケットチーフはネクタイの色に合わせて、白やシルバーのものを選びます。ポケットチーフは自分の好みのスタイルで演出してOK。

▶小物にも気を配る
・**黒の革靴が基本**
汚れをチェックし、事前に磨いておくのを忘れずに。かかとのすり減りにも注意しましょう。
・**ハンカチも白でそろえる**
ハンカチは白を選び、アイロンをかけます。時計はカジュアルなものでなければOK。

男性のその他のスタイル

▶タキシードとダークスーツ
披露宴が夜に行われるときはタキシードが正礼装になり、黒か白の蝶ネクタイを合わせます。レストランでのウエディングなど、平服で参加する場合はダークスーツを着用します。

↑LEVEL UP
ピンバッジで差をつけよう

いつものスーツと違いを出すなら、手軽に身につけられるピンバッジがおすすめです。フォーマル専門のものもあるので、おしゃれにアレンジしてみましょう。

Q 男性はどんなかばんがいいの？

女性の服装

▶アクセサリーは時間帯で選ぶ

昼間の披露宴なら、パールやコサージュなどのマット系で光らないアクセサリーを。夜ならキラキラと光るアクセサリーがよしとされています。

▶小物は革NG

・バッグ
小さめの華やかなパーティーバッグが基本です。ビニール素材や、殺生を連想させる革製はNG。
・靴
つま先、かかとの出ないパンプスが礼装時の靴とされ、ヒールが3cm以上のものを選びます。

▶ドレスは白以外

新婦より目立つのは厳禁です。白一色はもちろん、お色直しで着るカラードレスの色ともかぶらないように細心の注意を。

×NG
・白い服
・ファー素材
・素足、黒や網のタイツ
・全身黒ずくめ

POINT
披露宴の時間帯によってマナーは異なる

披露宴が昼間の場合は、肌の露出を抑え、長袖、膝下丈のドレスを選びます。反対に、夜は肌を露出した、華やかな装いがマナーとされています。

二次会から参加

▶略礼装は外さない

ダークスーツにおしゃれなシャツやネクタイなどを合わせましょう。仕事用のスーツでも、ポケットチーフを入れるだけで華やかになります。ジーンズにTシャツなどカジュアルな服装はNGです。

▶女性らしく華やかに

昼間の披露宴と同様、白い服や露出度の高い服装はNG。ワンピースがおすすめです。仕事用の服装には、コサージュやキラキラと光るアクセサリーを加えることで華やかさを演出できます。

A ビジネスバッグなどで行き、会場のクロークに預けるのがよいでしょう。荷物がすべてスーツの内ポケットに入るのならば、手ぶらでもかまいません。紙袋はNGです。

ご祝儀の包み方

☐ ここが大事！：お金に込めた想いが伝わるように配慮しましょう

ご祝儀の基本

- 新郎新婦との関係性に応じた金額を包む。
- 偶数金額は割り切れることから「縁が切れる」ことをイメージされ、不適切。とくに「4」は「死」を連想させるのでNG。
- お札はできるだけ新札を用意する。
- 欠席するときは、出席した際に包む額の半分から3分の1程度の金額のお祝い品を贈る。
- ご祝儀はかならず祝儀袋に入れる。

【金額の目安】

新郎新婦との関係	金額（目安）
兄弟姉妹	5万円
いとこ	3万円
友人	3万円
勤務先上司や同僚	3万円
取引先	3万円

POINT
お札が奇数枚なら偶数金額でもOK
若手社会人にとって3万円は大きな出費です。家計の事情で2万円が限界という場合は、1万円札1枚と5千円札2枚を包むとよいでしょう。

結婚祝いの贈り方

結婚式の1週間前くらいに届くように手配し、メッセージカードなどを同封してお祝いの気持ちを伝えます。

↑LEVEL UP
特別な人には大金よりも品物を
ご祝儀をくれた人がその後結婚する際は、もらったご祝儀と同額のご祝儀を贈るのがマナー。そのため、大金を包むと相手の負担になることもあります。特別な気持ちは、ご祝儀の金額ではなく、別途、お祝いの品に込めて贈りましょう。

POINT
こんな品がおすすめ！
- ペアグラス、ペアカップ
- バスタオルセット
- フォトフレーム
- キッチングッズ

✕NG
タブーとされている贈り物
かつては、「割れる」食器や「切れる」包丁などは縁起が悪いといわれ、タブーとされていました。しかし現代では本人が望むのであれば贈ってもかまいません。

Q 新札はどこで手に入れればいいの？

祝儀袋の書き方

▶袋（表）

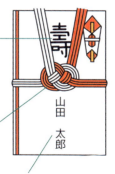

表書き
「寿」や「御結婚御祝」を書きます。ほとんどの市販品にははじめから印刷されています。

水引
赤白の「一度結んだらほどけない」結び切りにします。5万円以上包む場合は、金銀などの豪華な水引を選びます。

贈り主の名前
袋の中央に、表書きよりやや小さめに書きます。筆か筆ペンで丁寧に書きましょう。

▶袋（裏）

中に中包を入れ、慶び事は天に向かってという意味を込めて、下側を上側にかぶせて折ります。

▶中包（表）　（裏）

中包には、新札を人物が表向きで上側になるようにして入れます。金額は「金〇萬圓」と記します。「也」は書かなくてもOK。中包にひと言お祝いのメッセージを書くと、相手によい印象を与えます。その場合、金額は裏に書いてもOK。

ふくさの包み方

1
祝儀袋を中央よりやや左に置きます。

2
左側を折り、上側をかぶせるように折ります。

3
下側を折り、上側に重なるようにかぶせます。

4
右側を重ねるように折り、飛び出た角を下に折り込みます。

▶夫婦連名にする場合

中央に夫の名前を書き、その左隣に妻の名前のみを書きます。

▶4人以上の連名の場合

表には代表者の名前を書き、その左側に代表者名よりやや小さめに「外一同」と書きます。中に全員の名前を書いた紙を入れます。

 銀行で両替する際に新札を希望すれば用意してもらえます。また披露宴会場のホテルによっては、フロントで新札と交換してくれるところもありますので、事前に確認を。

結婚式に参列する

☐ **ここが大事！**：結婚式の流れとマナーを知り、新郎新婦を心から祝う

1日の流れ例

AM10:30　会場入り
会場には挙式が始まる30分前には到着するように向かいます。会場に入る前に身だしなみを整えるのを忘れずに。

AM11:00〜AM11:30　挙式に参加
キリスト教式では、中央のバージンロードを踏んだり歩いたりしないように注意しましょう。フラワーシャワーなど、参列者が参加する演出には笑顔で取り組んで。

PM12:00　披露宴・受付
受付でご祝儀を渡して芳名帳に住所と名前を書きます。お祝いの言葉も伝えます。

PM13:00　披露宴中
席次表に従い指定された席に座ったら、開宴まで同席者と新郎新婦の話などをしながら静かに待ちます。披露宴中は基本的に静粛に過ごすのがマナーです。ただし、余興などの楽しむシーンは拍手で盛り上げましょう。

PM16:00　退場
席札やメニューは持ち帰るのがマナーです。忘れずに持ち、すみやかに退席します。ナプキンはきれいにたたまずにテーブルの上に置きます。きれいにたたむのは「サービスに満足しなかった」という意味になります。

PM18:00〜　二次会
二次会の演出によっては、会場に到着したら新郎新婦へのメッセージを書く場合などがあるので、時間に余裕をもって行動しましょう。

POINT　事前に交通情報などをチェック
迷ったり遅刻したりしないよう、前もって交通手段や会場までの道のりを調べておきます。遅れてしまいそうな場合は、早めに会場に連絡を入れましょう。

↑LEVEL UP　新郎新婦の親にあいさつ
新郎新婦の親や親族を見かけたら、「新婦のゆかりさんの友人の田中です。本日は誠におめでとうございます」などとお祝いの言葉を伝えると喜ばれるでしょう。

×NG　会場内での名刺交換
結婚式はビジネスの場ではありません。新郎新婦や親族に対してたいへん失礼なので、会場内で名刺交換をするのは慎みます。どうしてもあいさつしたい人がいるなら、式が終わってから会場の外で行いましょう。

POINT　移動中も気をゆるめずに！
おめでたい日だからと、駅のホームで騒いだり道いっぱいに広がって歩いたりしないように注意を。また、移動中にタバコを吸った場合は、においにも気をつけましょう。

Q 当日、新郎新婦にプレゼントを渡してもいい？

受付の手順

1 受付担当者にあいさつする

新郎側、新婦側を確認し、受付をします。「本日はおめでとうございます」とこちらからあいさつして、名前を告げます。

2 ご祝儀を渡す

ふくさから出したご祝儀袋を、ふくさの上にのせて渡します。ご祝儀袋は正面を相手に向けて渡すのがマナーです。

3 芳名帳に記入する

丁寧に読みやすい字で書くことを心がけます。夫婦で招待された場合は連名で書きます。

ここもCheck!

芳名帳の書き方

住所、名前を書くのが一般的です。「字が下手だから」などの理由で代筆を頼まず、直筆で心を込めて書きましょう。

受付係の基本

▶結婚式の顔なので笑顔を忘れずに!

明るく笑顔であいさつすることを心がけます。友人がきても騒いだり無駄話をしたりしないよう、受付としてしっかり対応します。

▶身だしなみにも気を遣う

結婚式にふさわしい服装なのはもちろん、清潔感を大切に。とくにご祝儀を受けとるときは手元をよく見られるので、男性も爪の汚れや長さのチェックを。

↑LEVEL UP

案内係としての役割も

受付は招待客からトイレやクロークの場所を尋ねられることもあります。会場のスタッフに場所や案内の仕方を確認しておきましょう。

✕NG

ご祝儀のそばを離れる

トイレはほかの受付の人と交代で行くようにし、絶対に受付を無人にしてはいけません。会場のスタッフを装った人にご祝儀を盗まれる事件も起きています。ご祝儀を預ける会場の責任者がだれなのかを事前に確認し、事故が起きないように厳重注意を。

式当日の新郎新婦は何かと荷物が多いものです。当日にプレゼントを渡すとかえって迷惑になりかねません。事前に手渡すか宅配便などで届けるのがスマートでよいでしょう。

披露宴でのふるまい方

□ ここが大事！：披露宴中は新郎新婦をお祝いすることをいちばんに考えて行動を

↑LEVEL UP

高砂には積極的に行こう

高砂は新郎新婦が座っている席のこと。乾杯後の歓談では自由に席を立って新郎新婦と交流をもてる時間があります。積極的に高砂へ行き、お祝いの言葉をかけ、写真を撮るなどしましょう。

POINT

荷物やコートはかならずクロークに

会場では男性は手ぶら、女性は小さめのかばんのみが基本です。サブバッグやコートは会場に入る前にクロークへ預けます。外のほこりなどがついているため、コートは外で脱ぐのがマナーです。

POINT

お酒が飲めない人も乾杯だけはがんばって

乾杯はお祝いの儀式です。口をつけるだけでもいいので、お酒が飲めない人も乾杯のアクションをするのがマナーです。乾杯後はソフトドリンクなどを頼み、お酒は残してもかまいません。

POINT

食事中は楽しい話題を

食事中はおめでたい席にふさわしい話題を選びます。新郎新婦との思い出や、お互いの近況などはよいですが、だれかのうわさ話や新郎新婦の暴露話などは NG です。

Q 中座してトイレに行ってもいい？

☑ ここもCheck!

スピーチの基本
・頼まれたらできるだけ快く引き受ける
・暴露話や身内話はNG
・忌み言葉を使わないよう注意する
・具体的なエピソードを中心に話す
（例：新郎新婦との学生時代の思い出、会社での仕事ぶりなど）

❌NG

忌み言葉

別れを連想させる言葉や、くり返しを連想させる言葉は使わないように充分に注意しましょう。

[別れを連想させる言葉]
別れる・切れる・終わる
離れる・壊れる・割れる

[重ね言葉]
重ね重ね・わざわざ・たびたび・いろいろ

❌NG

・ずっと写真を撮っている
・飲みすぎ、食べすぎ
・携帯電話で通話やメール
・騒ぐ
・マイペースな飲食
・ナンパする
・勝手に席を替える

A スピーチや余興中は遠慮し、タイミングを見計らって目立たないように出ます。タイミングがわからないときは会場スタッフに声をかけ、進行を確認しましょう。

自分が結婚するとき

☑ ここが大事！：自分たちだけでなく、招待客のことも考えながら準備を進める

結婚するときの流れ

1 お互いの親にあいさつ

まず女性側、次に男性側の家族にあいさつへ行くのが一般的なマナー。あらかじめ自分の親には結婚相手の情報を、結婚相手にも親の趣味などを伝え、当日の話題づくりをしましょう。

> ✕ NG
> 「娘さんをください」はだめ？
> よくドラマなどで見るこのセリフ。しかし「娘は物ではない！」と不快に思う親御さんがほとんど。「○○さんと結婚させていただきたいと思っています。どうかよろしくお願い申し上げます」と頭を下げてお願いすると好印象を与えます。

2 挙式・披露宴の日時・予算を決める

式にかけられる予算を決め、そこから希望の結婚式をイメージしていきます。日取りはお日柄のよい日のほか、招待客が参加しやすい日を選ぶ配慮が必要です。

> ↑ LEVEL UP
> 顔合わせの場所にも気を配る
> 両家顔合わせの際は、新郎家側が新婦家側のほうに行くのが基本とされていますが、両家ともに遠方の場合は、最近では中間地点で行うこともあります。参加者のなかにご年配の方などがいる場合は、バリアフリーのお店を選ぶなどの配慮が大切です。

3 結納や顔合わせを行う

両家で正式にふたりの結婚を約束する場です。最近は結納を行わない人も増えていますが、行いたいと思う親も多く、事前に両家の親に確認をとるとよいでしょう。食事会の費用は基本的に新郎家側が負担します。

4 式場を正式に予約する

理想の結婚式ができるかどうかも大切ですが、最寄り駅からの行きやすさや料理の味など、招待客の立場に立って考えることも大切なマナーです。

> POINT
> 会場を予約する前にチェック！
> ・金額
> ・最寄り駅からのアクセス
> ・会場の雰囲気がイメージに合うか
> ・料理の味や種類
> ・プロジェクターなどの設備は充分か
> ・スタッフの対応　など

5 招待客を決定する

招待客は優先順位をつけて決めます。過去に自分たちを結婚式に呼んでくれた人は招待するのが基本です。呼びたい人を最初にリストアップしてから、人数の調整をするとよいでしょう。

Q 結婚にかかる費用はどうやって分担するの？

6 職場に結婚を報告する

「私事で恐縮ですが、ご報告させていただきたいことがあります。じつはこのたび結婚することになりました」

直属の上司から報告しましょう。「お忙しいところ申し訳ありません。少しお時間いただけますでしょうか」と伺いを立て、周囲に人がいない別室などで報告を。

> ×NG
> **浮かれた結婚報告**
> 女性にとって結婚はデリケートな問題。婚約指輪を見せつけられたと不快に感じる人もおり、浮かれた態度は反感を買うことも。報告するときもはしゃいだり騒いだりしないように注意します。

招待するとき
「11月に都内で挙式をする予定です。井上部長にもぜひご出席していただきたいと思っております」

招待しないとき
「結婚式は11月に挙げる予定なのですが、披露宴は親族だけで執り行う予定にしておりますので、会社の皆様には改めてごあいさつできればと思います」

> **POINT**
> **仕事を続けるかどうかも報告を**
> 上司への報告の際、結婚後も仕事を続けるか、退職するかなどの意向も伝えます。退職する場合は、引き継ぎなどもあるので、式の3か月前までには上司に報告する必要があります。

7 挙式・披露宴当日

テーブルマナーにも気を配る
食事をする際は、衣装を汚さないよう注意しながらふだんより控えめに食べるとよいでしょう。

失敗しても慌てない
どんなにリハーサルを重ねても、失敗はつきものです。失敗しても会場スタッフがついているので動転せず、落ち着いて行動しましょう。

つねに笑顔をキープ
新郎新婦は主役であり招待客をもてなすホストでもあるということを忘れずに。笑顔を絶やさずに、感謝の気持ちを表現するふるまいをしましょう。

> ↑LEVEL UP
> **終わったらお世話になった人にお礼を**
> 仲人がいる場合はお礼金やお車代を渡します。受付やスピーチ、余興など何らかの係を担当してくれた人にも心からのお礼を伝えます。会場スタッフにお礼を伝えるのも忘れずに。

A 両家で折半したり、衣装代など個人にかかるものは各自で負担したりと方法はさまざま。両家でよく話し合うことが大切です。

お祝いごとのマナー

☐ ここが大事！：贈ってはいけない品物や贈る時期に注意

出産祝い

▶出産報告を受けてから贈るのがマナー

出産祝いは知らせを受けてから1か月以内に贈るのがマナーです。たとえ予定日を過ぎても、出産前や出産報告前に贈るのはマナー違反なので気をつけましょう。相手が友人であれば、母となった友人に向けた贈り物でもかまいません。

POINT
こんな品物がおすすめ！
・大きめサイズの服
・おくるみやスタイ
・おもちゃ
・赤ちゃん用食器
・現金

現金を贈る場合は、祝儀袋に新札を入れて贈ります。金額の相場は、友人であれば5千円～1万円ほど。

新築祝い

▶火事を連想させる品物はNG

インテリアや観葉植物が定番ですが、本人の好みがあるので事前にリクエストを聞くとよいでしょう。ほかにも、お酒などの嗜好品もおすすめです。火事を連想させるキャンドルや、赤いものは避けます。

↑LEVEL UP
家族が喜ぶものを贈ろう

本人の好きなお酒などを贈るのもよいですが、「ご家族で」と家族で楽しめるようなものを贈ると気が利いています。

開店・開業祝い

▶ますますの発展を祈って祝う

花輪などのほか、現金やインテリア雑貨などがおすすめです。この場合の現金はたとえ目上の人であっても、失礼にはあたりません。ただ、お祝いを辞退している場合もあるのでかならず事前に確認をとりましょう。

☑ここもCheck!
おすすめメッセージ

・「ご開業おめでとうございます。御社の限りないご発展を祈念いたします」
・「ご開業おめでとうございます。新転地でも充分に才能を発揮してご活躍ください」

Q お祝い金を連名でもらったらひとりひとりに返したほうがいい？

栄転・昇進祝い

▶正式な辞令が出たらお祝いを

正式な発表が出てから、お祝いの言葉をかけます。栄転する場合、職場全体で送別会を開いて送り出します。靴下などの肌着は、「踏みつける」印象を与えるため、上司に贈るのはNGです。

POINT

職場の人間関係にも配慮する

栄転や昇進はおめでたいことですが、デリケートな問題でもあります。栄転、昇進が叶わなかった人のことも考えて、注意深く配慮ある行動をしましょう。

定年・退職祝い

▶第二の人生の門出をお祝い

送別会を開き、しんみりせず明るく祝いましょう。「長い間お疲れ様でした」というねぎらいの気持ちは忘れずに。贈る品は花束や本人の趣味に合うものを。転職の場合は新しい職場で使えそうなものがおすすめです。

LEVEL UP

仕事中の写真を撮ってプレゼント!

おすすめしたいのは仕事中の写真をアルバムにして渡すプレゼント。コメントもつけ加えるとより思い出深くなります。

祝賀会

▶お祝い金を贈る

お祝い金は受付で祝儀袋に入れて渡します。会費制の場合はそれが祝い金の代わりになりますので、別でお祝い金を持参する必要はありません。

▶参加者とコミュニケーションを

立食式であることが多いので、いろいろな人と会話を楽しむことが大切です。主催者には最初にあいさつし、お祝いの言葉をかけます。

▶服装はフォーマルに

雰囲気にもよりますが、男性はスーツ、女性はスーツにコサージュなどをつけて華やかさを出し、祝う気持ちを表現します。

×NG

持ち帰ることが困難なお祝い品

お祝いの気持ちを品物に込めて贈るのもよいですが、祝賀会が終わったら持ち帰る手間があります。重いものや大きいものなど、持ち帰るのがむずかしい品は贈らないという配慮が大切。

 連名でいただいた場合はひとりひとりに返したほうが感謝の気持ちが伝わりますが、会社や夫婦などの一家庭からもらった場合は、お返しはひとつでよいでしょう。

訃報を聞いたら

☐ ここが大事！：関係性に応じてすみやかに行動を

訃報を聞いあとの流れ

1 故人との関係によって対応を決める

故人が親族 ※詳しくはP150へ

すぐに上司に報告し、忌引休暇の手続きなどをします。上司や人事部から了承を得たら、できるだけ早く駆けつけます。

故人が友人・知人

とくに親しい友人の場合は、できるだけ早く駆けつけます。それ以外の場合でも、通夜と葬儀のどちらかは参加をして、最後のお別れをします。

故人が仕事関係者

通夜、葬儀の日時、場所を確認したうえで上司に報告し、それ以降は会社の方針に従いましょう。

> ☑ ここもCheck!
>
> **連絡を受けたら確認すること**
> ・いつ、だれが亡くなったか
> ・通夜、葬儀、告別式の日時、場所
> ・喪主名
> ・宗派

> ✕ NG
>
> **上司に確認せず行動する**
> 仕事関係者の通夜や葬儀に参列するのは、会社の代表として行くということです。上司に無断で参列したり、供花を贈ったりするのは絶対にNGです。

2 香典や供花、供物などの準備をする

香典の金額は故人との関係性によって異なります。仕事関係者の場合は、かならず上司に確認を。弔電や供花、供物を贈るかどうかは、上司や葬儀会場に確認をとって決めます。

3 服装や持ち物を準備する

通夜や葬儀に適した服装を準備します。つねに会社のロッカーに用意しておくとよいでしょう。女性はネイルやストッキングの色にも注意し、派手なものは避けます。

> ☑ ここもCheck!
>
> **故人との対面**
>
>
>
> 遺体の枕元に正座し、故人に一礼。遺族が顔にかかっている布を持ち上げたら、深く一礼して合掌します。「穏やかな顔で」などひと言述べてから再度一礼して、下がります。対面は遺族にすすめられたときのみ行い、自ら希望してはいけません。

Q 参列できないとき、香典はどうするの？

4 通夜に参列する

かつては通夜に喪服で行くと、準備していたようで失礼にあたるとされていました。しかし現代では、亡くなった日の数日後に通夜をすることが増えたため、喪服で伺うのが一般的となっています。

5 葬儀・告別式に参列する

受付で香典を渡し、順番が回ってきたら焼香を行います。出棺を見送るまでが参列者の役目です。

> ✅ ここも**Check!**
>
> **通夜、葬儀、告別式の違いって？**
>
> 現在は葬儀と告別式は同日に続けて行われることが一般的です。しかし本来は、通夜は遺族や近親者が夜を徹して死者との別れを惜しむ儀式、葬儀は故人の冥福を祈り僧侶に読経をあげてもらう儀式、告別式は生前ゆかりのあった人が故人にお別れを告げる儀式と、分けて考えられていました。

弔問できないとき

▶弔電を送る

出張などのやむを得ない事情で参列できない場合は、弔電を送るなどしてお悔やみを伝えます。宛名は喪主にし、通夜開始の3時間前には届くように手配します。

弔電例

「○○様のご逝去の報に接し、心から追悼の意を捧げます」

「○○様のご逝去を悼み、謹んでお悔やみ申し上げます」

「○○様のご生前の笑顔ばかりが目に浮かびます。心よりご冥福をお祈り申し上げます」

▶後日弔問する

親しい相手であった場合は、遺族に確認をとってから自宅へ行き、焼香させてもらいましょう。喪服でなくてもかまいませんが、ダークスーツや地味な色のワンピースなど、弔問にふさわしい服装を心がけます。

> ❌ **NG**
>
> **電話でお悔やみを言う**
>
> 遺族は悲しみの直後であるうえに、通夜や葬儀の準備でたいへん忙しくしています。電話でお悔やみを言ってすませるのはマナー違反です。

> ❌ **NG**
>
> **弔電に使えない言葉**
>
> **[くり返しを意味する言葉]**
> 重ね重ね・しばしば・返す返す・たびたび
> **[直接的な表現]**
> 死去・死亡・生存　など
> **[別離や不幸を意味する言葉]**
> 切る・散る・苦しむ　など
> **[神式・キリスト教式ではNG]**
> 冥福・供養・成仏　など
> **[キリスト教式ではNG]**
> 悔やみ・哀悼　など

 参列する方に代理で渡してもらうか、現金書留で郵送します。その際は不祝儀袋に包み、お悔やみの言葉を書いた手紙を添えます。

弔問時の服装と持ち物

☐ **ここが大事！**：故人の死を悼んで弔事にふさわしい装いを

男性の服装

▶ **基本はブラックスーツ**

黒無地のダブル、またはシングルのスーツを着ます。シャツは白無地、ネクタイは黒無地です。

▶ **足元は黒で統一**

靴は黒無地の光沢のない革靴を選びましょう。靴下も黒無地でそろえます。穴があいていないよう、チェックしておきます。

▶ **かばんはなくてもOK**

クロークが用意されていないこともあるので、手ぶらでかまいません。ふくさに包んだ不祝儀袋や数珠は、スーツの内ポケット入れていきます。

▶ **小物はできるだけ控えめに**

ハンカチは白無地のものを選び、ネクタイピンはとくに必要ありません。金時計など光るものは外し、アクセサリーも結婚指輪以外は外します。

▶ **アウターはシンプルな黒を**

黒のできるだけシンプルな形のものを選びます。また、会場に入る前には脱ぎ、出棺の見送りをする際も脱いで腕にかけておくのがマナーです。

✓ ここも Check!

弔問時の持ち物

・香典
・ふくさ（不祝儀用）
・ハンカチ
　（白無地か黒のフォーマル用）
・数珠
　（神式・キリスト教では不要）

✕ NG

- ストライプなど柄入りのスーツやシャツ、ネクタイなど
- ブラックスーツにてかりがある
- 髪がボサボサ、無精ひげが生えている

Q リクルートスーツで出席してもいい？

女性の服装

▶黒のワンピースやアンサンブル

黒のシンプルなスーツやワンピース、アンサンブルなどが適しています。スカートは膝下丈で、肌が露出しないように注意します。

▶アクセサリーは外す

結婚指輪以外のアクセサリーは外します。ただし洋装の場合は、ネックレスをつけるのが正装となるので、パールの一連ネックレスをつけるとよいでしょう。

▶足元にも気を配って

黒のストッキングを着用し、黒の布製のパンプスを履くのが正式です。ピンヒールや素足、タイツはマナー違反です。

▶ロングヘアはまとめて

ロングヘアの場合は、お辞儀したときや焼香のときに邪魔になるので、ヘアゴムなどでまとめておくのがマナーです。派手なヘアアクセサリーはNGです。

▶メイクは控えめに

ファンデーションと光沢のないマットな口紅を薄く施します。アイシャドウやチークも、色味のあるものは控えるのが正式。香水もNGです。

×NG
- 肌の露出がある
- ファーつきのもの
- 派手なネイル
- 殺生をイメージさせる革製のもの
- 黒以外のアウター

和装

無地でグレーや寒色系の色のものや、三つ紋か一つ紋を選びます。遺族より格下の装いになるように注意します。

↑LEVEL UP

ネイルには要注意

除光液ですぐに落とせないようなネイルをしている場合は、黒の手袋をして隠しましょう。また当日は、サブバッグを準備しているとアウターや返礼品を入れることができるので、なにかと便利です。

A 通夜はまだしも、葬儀では適しているとはいえません。いざというときのために正式な喪服を準備しておくとよいでしょう。

香典の包み方

☐ ここが大事！：宗派や、故人との関係に応じて判断する

香典の基本

- 金額は故人や遺族とのつき合いの程度などで異なる。
- 香典はかならず不祝儀袋に包んだうえで、ふくさに包んで持参する。
- 宗教、宗派によって不祝儀袋の柄や表書きが異なる。

POINT
会社関係者ならかならず上司に確認を

取引先の場合、会社の代表者名や社名で送るのが基本です。金額は取り引きの程度などで異なるため、かならず上司にいくら包むか確認をとります。

【金額の目安】

故人との関係	金額（目安）
祖父母	1～3万円
両親	5～10万円
兄弟姉妹	3～5万円
おじ・おば	1～3万円
その他の親戚	1～3万円
職場関係者	5千～1万円
取引先（個人）	5千～1万円
友人・知人	3千～5千円

✕ NG
新札を包むのは✕

新札を包むと、あらかじめ準備していたかのように思われます。新札しかない場合は、一度半分に折り目をつけてから包むのがマナーです。

↑LEVEL UP

供花や供物を贈る

▶供花
供花は式場内に飾る生花と、外に飾る花輪とがあります。葬儀を担当している会社に依頼するとスムーズです。

▶供物
宗教によって贈る品が異なるので注意。キリスト教式は供物を供える習慣がないので、どの宗教かはかならず事前に確認を。

【仏式】
線香、ろうそく、果物など

【神式】
魚などの海産物

【キリスト教式】
必要なし

Q 遺族が香典を辞退しているときは？

不祝儀袋の書き方

▶袋（表）

表書き
相手の宗教・宗派によって異なりますが、「御霊前」は真宗（浄土真宗など）以外なら使えます。

水引
黒白、または双銀の結び切りを選びます。キリスト教式では、水引はつけません。

贈り主の名前
表書きよりやや小さくフルネームを書きます。

▶袋（裏）

祝儀袋とは逆に、袋の上側を下側にかぶせて水引をかけます。

▶中包

裏側に金額と住所、名前を書きます。

↑LEVEL UP
薄墨を使って書く
不祝儀袋は薄墨の筆か筆ペンで書きます。これは「悲しみの涙で墨が薄くなった」「悲しみのため墨をする気力もない」などの意味が込められています。薄墨と濃い墨がセットになっている筆ペンもあるので、常備しておくと便利です。

▶宗教・宗派別表書き

仏式
仏教ではどの宗派でも「御香料」や「御香典」と記します。水引は黒白、または双銀の結び切りです。

神式
「玉串料」「御榊料」「御神前」などとするのが基本です。水引は双白、黒白、双銀の結び切りにします。

キリスト教式
カトリックは「御ミサ料」、プロテスタントは「御花料」とします。十字架や花模様の袋が一般的。水引はつけません。

無宗教
とくに決まりはないので、白い無地の封筒や黒白の結び切りの水引がついた袋を使い、表書きは「御霊前」などとします。

A 香典を包むのは遺族の意思を無視したことになり、失礼にあたります。参列し、心を込めて故人を送り出すことで気持ちは伝わります。

通夜・葬儀に参列する

☐ ここが大事！：遺族や参列者の気持ちに充分に配慮する

通夜の流れ（仏式）

1 受付

一礼してあいさつ
「このたびはご愁傷さまです」
コートなどは脱ぎ、身なりを整えてから受付へ。お悔やみの言葉を述べて、一礼します。

香典を渡す
ふくさからとり出した香典を、ふくさの上にのせ、相手に正面を向けて手渡します。

芳名帳に記帳する
名前と住所を書きます。読みやすく丁寧な字を心がけ、書き終わったら一礼して式場に入ります。

2 僧侶の読経・焼香

僧侶の読経は静かに聞いて過ごします。焼香は親族や近親者に続いて、座っている順にひとりひとり行います。

3 通夜ぶるまい

遺族がお酒や食事で弔問客をもてなすことです。一般的にはすすめられたら断らずに参加することがマナーといわれています。次の予定がある場合でも、一口でいいので箸をつけてから退席を。

✗ NG　よけいなことを話す

受付ではお悔やみの言葉のみを述べるのがマナーです。故人の死因を探るような言葉はもちろん、遺族を気遣うような言葉も不適切なので気をつけましょう。

POINT　上司の代理で参列する

預かった上司の名刺の左上に「弔」、自分の名刺の左上に「代」と書き、香典といっしょに受付で渡します。芳名帳には、上司の名前を書いてから左下に「代」と書いたうえで自分の名前を小さく書きます。

☑ ここもCheck!　通夜と葬儀の両方に参列する場合

芳名帳には両日とも記帳する必要がありますが、香典は通夜と葬儀のどちらかだけに持参すれば問題ありません。通夜で香典を渡した場合は、葬儀の受付では「昨日も伺いましたので」と言って記帳のみします。

Q 香典を連名で包んだときはどう記帳する？

葬儀・告別式の流れ（仏式）

1 受付

通夜と同様、身だしなみを整えてから受付をすませます。お悔やみの言葉を述べ、香典を渡し、芳名帳に記帳します。事前にふくさを出しておくとスムーズに受付できます。

2 僧侶の読経

式が始まるまで席に座って静かに過ごします。遺族にお悔やみの言葉をわざわざ言いにいくのは控え、読経が始まったら静かに聞きます。

3 焼香

親族に続いて行います。焼香には抹香を使う「抹香焼香」と線香を使う「線香焼香」があります。

4 別れの儀

喪主のあいさつが終わったら、出棺前に故人との最後の対面を行います。祭壇のまわりにある供花を参列者がそれぞれ棺に入れ、旅立ちを見送ります。

5 出棺見送り

出棺を参列者で見送ります。霊柩車が動き出したら合掌し、車が見えなくなるまで見送りましょう。火葬場へ行くのは遺族や近親者のみです。

POINT
途中で帰るとき
遺族には声をかけず、目立たないようそっと出ます。受付や式場スタッフに「お先に失礼します」と、ひと言声をかけましょう。

焼香のマナー（抹香焼香）

1

僧侶、遺族、遺影にそれぞれ一礼します。

2

親指、人さし指、中指を使って抹香をつまみます。

3

目を閉じ、頭を下げて抹香をつまんだ手を目の高さまで掲げます。
※宗派によっては掲げない場合も。

4

香炉に静かに抹香をくべて、合掌します。一歩下がり、遺影に一礼。その後、遺族と僧侶に一礼します。

A 香典が家族以外の友人や同僚との連名であれば、ひとりひとり記帳します。一方、夫婦などの連名の場合は芳名帳も一行に連名で記帳します。

弔事でのふるまい方

☐ ここが大事！：故人とのお別れの場であることを忘れずに

POINT

知り合いに会っても関係のない話はしない

開式までに知り合いや友人に会っても、故人と関係のない話をするのはマナー違反です。笑ったり騒いだりするのはもってのほか。故人の思い出を語るなどしてしのびましょう。

✕ NG

- 故人のうわさ話をする
- 故人の死因を遺族に聞く
- 携帯電話が鳴る
- 関係のない話をする
- 笑顔で話す
- 移動中に騒ぐ

Q 通夜当日に訃報を知り、仕事のあとに駆けつけるときの注意点は？

↑LEVEL UP

地域や宗教・宗派による考え方の違いを把握する

神式やキリスト教式では「通夜」「葬儀」の呼び名が異なるように、宗教や宗派が違えば作法や考え方も異なります。また、それぞれの地域によるしきたりや風習もあるので、迷ったら目上の人に聞くとよいでしょう。

✓ここもCheck!

弔辞の基本

- 頼まれたらできるかぎり引き受ける
- 故人の人柄や業績が参列者に伝わるように書く
- 故人とのエピソードは具体的に（生前の楽しかった思い出、印象深いできごとなど）
- 文例をそのまま使わず、自分の言葉で書くことが大切
- 忌み言葉を使わないよう、注意する（P135参照）

✓ここもCheck!

通夜・葬儀を手伝う

▶受付係　香典を預かり、芳名帳に記帳してもらいます。弔問客にお悔やみの言葉を言われたら「本日はお忙しいなか、恐れ入ります」と一礼します。

▶会計係　香典の計算や管理など、葬儀に関する費用の出納係です。とても大切な係なので2人以上で行い、電卓や筆記用具、手持ち金庫などを準備しておきます。

▶返礼品係　弔問を終えた人に、お礼として返礼品を渡す係です。弔問客全員に渡すので、2～3人で行うのが一般的です。

▶道案内係　最寄り駅や会場の近くに立ち、弔問客を会場に誘導します。案内のプラカードなどは葬儀会社が用意してくれます。

A 急なことなので、あまり派手な格好でなければ仕事用のスーツでもかまいません。ただし、黒のネクタイは途中で購入し、派手な小物は外すようにしましょう。

身内に不幸があったとき

☐ **ここが大事!**：事前に手順を確認し、落ち着いて行動する

不幸があったときの流れ

1 臨終を迎える

近親者の手によって「末期の水」を行います。割り箸の先にガーゼと脱脂綿を白い糸で巻きつけたものに水を含ませて、故人の唇を湿らせる儀式です。

2 通夜、葬儀の打ち合わせ

菩提寺などがある場合には、その寺院や神社、教会に連絡をとります。近年は葬儀会社がすべて行ってくれるので、まずは葬儀会社を決め、予算や喪主などを話し合っていきます。

3 通夜の準備を行う

喪服を用意したり、席次を決めたりします。また、通夜のあとにある通夜ぶるまいのための食事を手配することも忘れずに。返礼品は多めに用意します。

4 通夜を行う

通夜の受付は開始30分前から行うため、早めに準備をします。焼香では弔問客に黙礼で応え、焼香後と通夜ぶるまいで喪主のあいさつをします。

5 葬儀・告別式を行う

通夜と基本的な流れは同じです。通夜の翌日に行うため、通夜ぶるまいのあとに葬儀会社と打ち合わせをしておきます。僧侶へのお礼も用意しておきましょう。

POINT

危篤を告げられたら……

最期に会ってほしい人に連絡をとり、危篤であることを告げます。突然のことで慌てないよう、前もって連絡する人のリストを用意しておくとよいでしょう。

遺影の手配

遺影の写真は、できるだけ最近のもので正面を向いているものを選びます。近年、生前に遺影用の撮影をする人もいます。

POINT

必要費用は早めに引き出す

金融機関が死亡を知ると、故人の銀行口座はいったん凍結されます。もし故人が葬儀費用を自分で積み立てており、それを使ってほしいと考えていた場合は、早めに必要な金額を引き出しておくとよいでしょう。

> ☑ **ここもCheck!**
>
> **遺族が準備すること**
>
> - 菩提寺などへ連絡
> - 葬儀会社へ依頼
> - 通夜、葬儀の案内を出す
> - 参列者の人数を把握する
> - 席次や供花の配列を決める
> - 弔辞の依頼
> - 喪服の準備
> - 御布施、心付けの準備
> - 喪主のあいさつの準備　など

Q 遺品はどうやって整理するの？

6 葬儀後の事務処理

芳名帳と照らし合わせながら香典の中身を確認したり、葬儀会社への支払いをすませたりします。世帯主の変更など、法的手続きが必要な場合は、早めに行います。

> **↑LEVEL UP**
>
> **勤務していた人なら職場に手続きをしに行く**
>
> 死亡退職にはいろいろな手続きが必要なので、早めに職場に連絡し、何をすればよいかを確認します。社員証などの会社に返却しなければならないものも早めに整理しましょう。

7 香典返しをする

香典をいただいた人には香典返しとして品物を贈ります。「半返し」といって、いただいた香典の半額程度のものを返すのが一般的です。

> **POINT**
>
> **おすすめの品物**
> ・お茶、紅茶、コーヒー
> ・海苔、菓子の詰め合わせ
> ・タオルセット、シーツ、石けん　など

8 法要を行う

死者の命日に冥福を祈って行う仏教の儀式です。死後7日ごとに行う「忌日法要」と、節目の年の、故人が亡くなった月日と同じ月日に行う「年忌法要」があります。初七日と四十九日はかならず行います。

仏式の主な法要

	法要の名称	死後の日数・年数
忌日法要	初七日忌	7日目
	二七日忌	14日目
	三七日忌	21日目
	四七日忌	28日目
	五七日忌	35日目
	七七日忌	49日目
	百か日忌	100日目
年忌法要	一周忌	1年目
	三回忌	死亡年含め3年目
	七回忌	満6年目
	十三回忌	満12年目
	十七回忌	満16年目
	二十三回忌	満22年目
	二十七回忌	満26年目
	三十三回忌	満32年目

☑ここもCheck!

勤務先への手続き

上司に忌引休暇を申請します。その際は「故人との続柄」「喪主か否か」「通夜と葬儀・告別式の日程、場所」を告げます。

上司や同僚の弔問を受けたら

「お心遣いありがとうございます」と、弔問してくれたことなどに対するお礼を伝えます。職場の人たちから香典をいただいた場合の香典返しは、社員で分けられるようなお菓子などがよいでしょう。

A 遺族で分けるもの、保存するもの、処分するものに分類し、整理します。遺品が多かったり、遺族が遠方に住んでいたりする場合は遺品整理業者に頼むと便利です。

column 6

できる人は知っている！ 神社・お寺 参拝のマナー

正しい参拝の流れ

1 鳥居をくぐる

鳥居は神域に入るための、いわば玄関。身なりを整え、入る前に一度立ち止まり、会釈をしてからくぐります。参拝後は、鳥居を出る前に社殿に向かってお辞儀をしてから帰ります。

> **ここもCheck!**
>
> **お参りに適した時間**
> 夕方以降は多くの神社や寺が門を閉めてしまいます。午前中、日が高いうちに参拝するのがよいでしょう。
>
> **神社とお寺のマナーの違い**
> お寺の参拝では、拍手ではなく合掌。神社で参拝するときは二礼二拍手一礼が一般的ですが、異なるところもあるので、事前に確認するとよいでしょう。

2 手水舎で身を清める

①
まず右手で柄杓を持ち、左手を洗います。次に左手に持ち替えてから、右手を洗います。

②
左手を使って、水で口をすすぎます。柄杓に直接口をつけるのは厳禁です。

③
再度左手を洗ったら、柄杓を立てて水を流し、持ち手を洗います。最後は伏せて元の位置に戻します。

3 お参りをする

①お賽銭を入れる
中央は神様の通り道。少し横に立って一礼し、賽銭箱にお金を入れます。

②鈴を鳴らす
鈴の音は邪気を祓い、神様に自分が来たことを知らせるという意味があるとされています。

③お辞儀を2回する
神前に向かって姿勢を正し、90度ほどのお辞儀（拝）を2回くり返します。

④二拍手一礼
2回拍手をし、両手を合わせて祈祷したら、最後にお辞儀を1回します。

7章

Chapter 7

おつき合い食べ方の基本とコツ

接待をする

☐ **ここが大事！**：接待相手には丁寧な案内をしておく

スマートな誘い方のコツ

▶予定の1か月前にはお誘いを

接待したい相手に「一度お食事でもいかがでしょうか」と予定日の1か月くらい前に声をかけます。先方の忙しそうな時期は避け、複数の候補日を挙げて都合を伺います。

POINT

誘うのは上司の承認を得てから

飲み会といえど、これも立派な仕事の一部です。独断で接待をしようとせずに、かならず事前に上司の許可を得ましょう。会社の経費で行うような場合はとくに注意です。

↑LEVEL UP

接待相手の周りの人ともコミュニケーションをとる

接待したい人の部下や秘書など、周りの人とふだんから円滑なコミュニケーションをとっておくと、好みなどの情報が聞き出せて、店選びなどに役立ちます。

【メール文例】

件名：親睦会のお誘い

株式会社△△
営業部　田中様

田中様　いつもたいへんお世話になっております。
株式会社○○の佐藤です。

早速恐縮でございますが、
日頃のお引き立てに感謝いたしまして、
貴社の営業部の皆様と食事などご一緒させていただければと思い、ご連絡差し上げました。

誠に勝手ながら、下記の日程につき、
皆様のご都合はいかがでしょうか。

◆ 12月11日（金）18時くらい～
もしくは
◆ 12月18日（金）18時くらい～

ご多忙のなか、誠に恐縮でございますが、
ご検討いただければ幸いに存じます。

何卒よろしくお願い申し上げます。

お店選びのコツ

▶接待相手に確認すること

①参加人数
②好きな食べ物、苦手な食べ物
③タバコを吸うかどうか

和食や洋食、中国料理など、料理のジャンルは先方の好みに合わせます。アレルギーや食べられないものなどの情報を得て、その条件に合うお店を選ぶことも重要です。また、相手が喫煙者かどうかもかならず確認しておきます。

▶お店側に確認すること

①コース料理はあるか
②席は個室か
③カード払いはOKか

コース料理はメニューを決める手間がなくなり、会話に集中できるので、接待に向いています。また、会計のときに現金が足りないということがないように、カード払いや請求書払いが可能かどうかも確認を。

Q 誘いを断られたらどうする？

当日までの準備と流れ

1 会場を予約する
お店が決まり、上司の承諾もとれたら予約します。予約する際に人数や時間帯のほかに、接待であることを伝えておくと、なにかとフォローしてくれるでしょう。

POINT お店に伝えること
・当日の人数、時間、連絡先
・料理の内容と予算
・コース or アラカルト
・目的が接待であること

2 先方に連絡する
メールや書面などで日時やお店の名前、住所を正確に伝えます。会場までの道のりは、ホームページの URL やわかりやすい地図をメールで送ったうえで、道順を説明すると丁寧です。

POINT 先方に伝えること
・日時
・店名
・地図、詳細なアクセス方法
・店の電話番号

3 送迎、お土産を手配する
送迎の車は必要か、お土産は何を用意すればよいかを上司に相談します。お土産は接待後に手渡しするので、大きすぎたり重たすぎたりしないものを選びましょう。

↑ LEVEL UP 可能なら会場の下見を
当日までに会場を実際に訪れ、お店の雰囲気やトイレの場所などを確認しておくと安心です。可能ならば、お店の責任者にあいさつし、当日はスムーズで感じのよいサービスをしてもらえるよう、お願いするとよいでしょう。

4 直前にも最終確認を
会の3日ほど前になったら「12月11日（金）18時から××でお待ちしております」などと、確認のメールを送ると安心です。

席次の基本

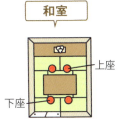
和室
床の間の前が上座となり、出入り口に近い側の席が下座です。

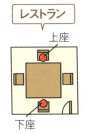
レストラン
出入り口からいちばん遠い席が上座、近い席が下座です。

↑ LEVEL UP 先方に女性がいるなら席の形式も伝える
座敷では靴を脱ぐ手間があります。座敷席の場合は、女性に事前に伝えておくと、ブーツなどを避け、脱ぎ履きしやすい靴を選ぶことができるので、親切です。

A すぐに引き下がります。どうしても接待したい相手であれば、「何度も恐縮ですが、いつ頃ならよろしいですか」などとクッション言葉を使って再度アタックを。

酒席でのふるまい方

☐ ここが大事！：接待中は相手にも身内にも細かい気配りを

POINT
15分前には到着して準備万端に！

先にお店に着くようにし、店の方にあいさつします。先方が到着したら、店の方に席まで案内をしていただきます。店の入り口で出迎えるなど、あまり仰々しくするとほかのお客様の迷惑になることもあり、また接待相手に対しても逆効果になることも。出迎えるのであれば、ひとりで充分です。

↑LEVEL UP
お店の人としっかり連携をとる

接待が成功する秘訣はお店の人との上手な連携にあります。料理が出てくるタイミングなど、相手に気持ちよい時間を過ごしていただくために、お店の人にも協力を仰ぎましょう。

POINT
グラスのあきには要注意

お酌は接待する側がします。役職の高い人からお酌をし、会食中も常にグラスの中身があいていないか確認します。お酌するときは「いかがですか」と声をかけてから行います。

お酌を受けるのも仕事のうち

お酒をすすめられたら「ありがとうございます。いただきます」と、お酌を受けます。グラスに飲み残しがあったら、飲み干してからグラスを差し出します。グラスの底に片手を添えて、両手で受けます。ただし、ワイングラスは持ち上げません。

↑LEVEL UP
お客様はもちろん上司や先輩にも気を遣う

接待中は相手の飲み物や食事にばかり意識がいきがちですが、上司や先輩に気を配るのも忘れずに。身内の人間にも気を遣えている姿勢は好印象です。

Q 上司同席の接待は聞き役に徹していいの？

POINT
飲めない人も乾杯はする

アルコールが飲めない人は無理に飲む必要はありませんが、乾杯のときは合わせるのがマナーです。乾杯の音頭をしたら、一口でもよいので口をつけましょう。

POINT
名刺交換は座ったままでもOK

名刺交換は、席に通されたら行います。お店などでは、周囲のお客様やお店の人の迷惑にならないよう座ったまましてもOKです。ただしその際は「座ったままで失礼します」とひと言断って。名刺は汚れる危険があるので、交換後はひと言断ってからしまいます。

✕ NG
- 自分だけ楽しむ
- 酔いつぶれる
- 先方に酒を無理強いする
- 集合時間に遅れる
- 自分の利益になる話ばかりする

↑ LEVEL UP
日常の話題で盛り上げる
- 相手の趣味の話
- ペットの話
- 学生時代の話

たとえ商談目的の接待だとしても、仕事の話ばかりでは相手はうんざりしてしまうことも。商談中は話せないような話題で、相手との距離を縮めましょう。

A 発言しなくてもかまいませんが、よい表情であいづちを打ち、聞いている姿勢を示すことが大事。また、相手との会話を記憶し、後に報告書としてまとめることも大切です。

酒席後のふるまい方

☐ ここが大事！：接待は最後まで気を抜かない

支払いをするときのコツ

▶支払いはこっそりと
会計をしている姿は相手に見せないのがマナー。終了時刻が近づいてきたら、トイレなどへ行くふりをして会計をすませるのがスマートです。

▶領収書を忘れずに
経費で落とす場合は宛名を会社名にしてもらい、日付や金額が間違っていないかも確認します。

▶支払い方法も考える
現金かクレジットカードで支払い、その場で領収書をもらうか、後日請求書を会社宛に送ってもらう方法があります。カードで払うときは会社のカードがあればそれを使います。

↑LEVEL UP
請求書を会社に送ってもらう
その場で支払うよりも、会社宛に請求書を送ってもらい、後日支払う方法がスマートです。予約する際に、請求書払いができるかどうか確認しておきます。

会を締めるときの手順

1 締めの言葉を言う
相手がトイレに立ったタイミングなどで、上司と締めるタイミングを相談します。そして、上司に締めのあいさつをしてもらいます。

≫

2 スムーズに車を手配
すぐに相手を車に誘導できるよう、あらかじめタクシーの手配をすませておくとよいでしょう。お店に事前に手配を頼んでおくとスムーズです。

≫

3 全員で見送る
全員で車の前まで見送ります。接待相手が車に乗ったらあいさつとお辞儀をし、車が見えなくなるまで頭を下げておきます。手を振りながら見えなくなるまでお見送りするのも、好印象となります。

本日は長時間にわたり、おつき合いいただき、誠にありがとうございました

POINT
手土産を渡す
手土産は、相手がタクシーに乗り込む前に渡します。「こちらお荷物になって恐縮ですが、よろしければ……」などと言って手渡します。

手土産の選び方
和食だったら和菓子、洋食だったら洋菓子というように、基本的にそのときの食事に合わせるとスマートです。相手が持ち歩くので、大きすぎず、重くないものにします。

Q 先方の帰りのタクシー代は出すべき？

二次会へ行く場合

よろしければ、もう1軒いかがですか？

決して無理には誘わず、会食が終わった時間やその場の雰囲気で判断します。念のため事前に二次会用の店をリサーチしておくのがよいでしょう。

POINT
こんなお店がGood!
・カラオケ、バー、スナック、ダーツバーなど

☑ここもCheck!

タクシーの席次

二次会では場所を変えることもあるかと思います。いっしょにタクシーで移動する際は、運転席の後ろが上座となり、助手席が下座になります。

翌日のお礼のコツ

```
株式会社△△
営業部　田中一郎様

田中様　いつもたいへんお世話になっております。
株式会社○○の佐藤です。

昨日はお忙しいなか、貴重なお時間を割いてくださり、誠にありがとうございました。

たいへん楽しい時間が過ごせ、とくに
田中様の学生時代のお話は心に残りました。

行き届かないところが多く、失礼もあったかと存じますが、これにこりず、またお食事などごいっしょできれば幸いです。

今後とも何卒よろしくお願いいたします。
```

▶お礼のメールを送る

接待の翌日は、朝いちばんにお礼のメールを送ります。忙しいなか時間を割いてくれたことへのお礼や、今後もつき合いたい旨を書きましょう。

↑LEVEL UP

接待の感想を書く
文例どおりの内容ではなく、接待で楽しかったことや印象に残った話などを書くと好印象です。

連名にする
何通もメールがくると受信者は迷惑します。上司に確認をとり、お礼のメールを送ってほしいと言われたら上司と連名にして送るのも一案です。

A 会社の決まりとして、出してもよいのであればお車代として出しましょう。ただし、認められていない場合は、自腹を切ってまで出す必要はありません。

接待ゴルフのマナー

☐ ここが大事！：紳士のスポーツであることを忘れずにふるまう

準備とマナー

▶ゴルフ場を探す

接待であれば、交通の利便やコースの難易度を重視して選ぶべきです。ですが、ふだんから自分がよく使う場所があればそこに。使い勝手やコースの特徴などを把握できているので、スムーズに案内できるでしょう。

POINT
決める前にチェックすること
・交通アクセス
・予算範囲内か
・設備の充実さ
・相手の力量に合っているか

▶服装を準備する

男女ともに襟つきのシャツを着用し、上着の裾はかならずズボンにしまいます。女性はミニスカートなど肌の露出が多い装いはNG。冬はアウターを着用してもかまいません。

[男性]　　　[女性]

ゴルフクラブやゴルフボールなどの必需品のほか、快適にプレーするためのアイテムを適宜持参します。

POINT
入退場時もドレスコードは守る

クラブハウスに入る前後も気をゆるめず、ジャケットを着用するなど服装には気をつけます。Tシャツやジーンズ、スニーカーなどは適していません。

▶持ち物を準備する

・ゴルフクラブ
・ゴルフボール
・グローブ
・ティー
・マーカー
・スポーツドリンク
・タオル
・キャップ
・レインウェア
・サングラス
・スキンケアセット
・スコアカウンター
　　　　　　　　など

↑LEVEL UP
気候に合わせた準備を
夏は熱中症対策に帽子やサングラス、冷却スプレーなどを、冬は冷え対策にカイロやニット帽などを持っていくと便利です。

Q ゴルフを始めるときの準備と予算は？

当日の流れとマナー

1 クラブハウスで受付

ホテルの受付に行くイメージで、帽子やサングラスはかならず外してからフロントに向かい、受付をすませます。

POINT
グリーンに持っていくもの
スタート1時間前には到着しておくようにします。スコアカードやマーカーなどはポケットに入れて持っていきます。ペンも忘れずに。

2 スタート前に練習

ゴルフ場にはコース以外にも、パターやショットの練習ができる場所があります。スタートまで時間があるようなら、練習をしておくのもよいでしょう。

×NG
素振りするときは芝を刈らないように

3 プレースタート

POINT
グリーンでのマナー
だれかがパットを打つときは近くに立たず、自分や自分の影が打者とカップのあいだに入らないように注意します。

POINT
バンカーでのマナー
土手の砂が崩れて芝を傷めないよう、傾斜の低いところから入るのがマナー。また、出るときはショット跡や足跡をならしてから出ます。

POINT
かけ声は積極的に
ほかの人が打ったら「ナイスショット」などと声をかけます。また、人のいるところにボールを打ち込んでしまったら「ファー」と叫んで、危険を知らせる必要があります。

↑LEVEL UP
スピードプレーを心がける
4人1組で9ホールを2時間ほどで回るのが理想の進行です。ボールやクラブは自分の番がくる前に準備しておくなど、すみやかな行動を心がけましょう。

4 プレー終了

クラブハウスに入る前に、靴についた砂や芝を落とします。キャディバッグに自分のクラブがあるか確認し、風呂場で汗を流します。

5 精算・終了

フロントにロッカーキーを返却し、昼食代なども含めて精算します。キャディバッグを受け取り、解散です。

☑ここもCheck!
接待ゴルフのマナー
・プレー中、仕事の話はNG
・明らかなお世辞はNG
好プレーをしたら褒めるのは当然ですが、過剰に褒められるのは嬉しいものではありません。相手のゴルフ歴などをふまえて、参加者は同じくらいの実力の人にするとよいでしょう。

A クラブ、ウェア、ボール、グローブ、クラブケースは最低限必要です。予算はアイテムによって差がありますが、全部で2〜3万円くらいのお得なセットもあります。

接待を受ける

☐ ここが大事！：あくまで謙虚な姿勢で臨む

誘いを受けたら

▶上司に相談する

どんなにつき合いが深い相手であっても、受けると返事をする前に、かならず上司に相談をして決めます。

✓ ここもCheck!

接待を断るときのフレーズ

・会社で禁止されている
「申し訳ありませんが、社の方針で禁じられておりまして……」

・気乗りしない
「スケジュールの都合で……」
「あいにく予定が合わず……」

POINT
先方の目的を考える

相手がなぜ自分を接待に誘っているのか、何か目的があるのかなどをよく考えます。その際、相手の人数を確認し、女性の場合は問題が起きるのを防ぐため、1対1で会うのは避けましょう。

↑LEVEL UP
クッション言葉で断って

断るときはしっかり断るべきですが、今後のおつき合いもあるので角が立たないように「嬉しいお誘いなのですが……」「たいへん申し訳ないのですが……」などとクッション言葉を使ってやんわりと断りましょう。

上司の接待に同行するとき

▶上司になぜ自分を連れていくのか確認する

自分を相手に紹介するためなのか、それとも単純に人数合わせのためなのか。行く前に目的を確認すれば、どんな心持ちで行き、どう行動すればよいかがわかります。

▶当日は上司を支える役目を

飲み物や食べ物に気を配り、上司と相手の会話に適度にあいづちを打ちながら控えめに過ごします。上司が悪酔いしないよう、しっかり支えることも仕事の一環です。

Q 打ち合わせ後にランチに誘われたら？

会食当日の流れ

1 到着する
約束の時間どおりに着くように向かいます。遅刻するのはもちろん NG ですが、早く着きすぎるのもマナー違反です。

≫

2 あいさつする
「本日はこのような席を設けてくださり、ありがとうございます」
席に通されたら、会食の席を設けてくれたことへの感謝の言葉を述べます。接待されるからと、えらそうな態度をとるのは NG です。

≫

3 軽率な発言に注意する
調子に乗って羽目をはずしたり、社外秘の情報を漏らしたりするのは厳禁です。また、その場の勢いでできないことを「できる」と安請け合いしないように注意します。

≫

4 支払う姿勢を
接待する側が支払うのが基本ですが、財布を取り出し、支払うという姿勢を見せることが大切です。相手には丁重にお礼を言います。

≫

5 金銭は受け取らない
会計は相手が受け持っても、それ以外に金銭や豪華すぎる手土産は受け取らないよう、丁重にお断りします。その際もクッション言葉を使って、やんわりと断って。

≫

6 お礼を伝える
接待をされる側もしっかりお礼を伝えることが大事です。別れ際にお礼を言うほかに、翌日には電話やメールで感謝を伝えましょう。上司にもしっかり報告を。

POINT
あまり早く着きすぎない
接待をする側が先に着いて準備をするのがマナーです。先方より先に着いてしまうと先方に気まずい思いをさせてしまうので、開始時間の5分ほど前に着くようにしましょう。

✕ NG
・機密事項
・他人の悪口や噂話
・相手への説教
・自社への不満　など

↑ LEVEL UP
接待される側が手土産を用意する
接待されっぱなしではなく、こちらから手土産を用意していくとワンランク上のふるまいができます。渡す際は「本日はこのような場を設けてくださり、ありがとうございました」などと、感謝のひと言を添えます。

A 行く場合は「ありがとうございます。お言葉に甘えてごいっしょさせていただきます」とお礼と意思を伝えて。食事中もビジネスの場であることを忘れないようにします。

パーティーでのふるまい方

☐ **ここが大事！**：できるだけたくさんの人とコミュニケーションをとる

POINT
ホストにあいさつする

まずは主催者にあいさつを。パーティーの最初は「本日はおめでとうございます。お招きくださりありがとうございます」とお祝いの言葉とお礼を。最後には「すばらしいパーティーでした。お招きくださり、ありがとうございました」と感想とお礼などを伝えます。

POINT
片手はつねにあける

社外パーティーの目的は飲食ではなく、参加者とコミュニケーションをとることです。料理の皿とグラスは片手に持ち、もう片方の手は握手などをするためにつねにあけておくのが正式なスタイルです。

POINT
スーツ＋アクセサリーで演出を

立食形式のパーティーでは、動きやすい服装が求められます。男性はスーツ、女性は3〜5cmの安定性のあるヒールで。コサージュなどのアクセサリーをプラスするといつものスーツが華やかな印象になります。

Q 相手に印象づける気遣いはある？

POINT

名刺は胸ポケットに

名刺はあなたの分身です。胸より下から出したものを相手に渡すというのは失礼な行為なので、かならず胸の内ポケットに入れておきます。これはパーティーに限らず、すべてのビジネスシーンにおけるマナーです。

↑LEVEL UP

どんどん話しかける

「失礼いたします。はじめまして。ごあいさつさせていただいてよろしいですか？」
「素敵なお名刺ですね。創業○○周年！すばらしいですね」

初対面の人にはどんどん話しかけ、積極的に名刺交換を行います。名刺に記されている情報から話題を広げましょう。

もっと話したいと思わせる

パーティーにはたくさんの参加者がいるので、同じ人とずっと話さず、できるだけ多くの人と話すことが大切です。切り上げる際に「この話はまたの機会に」などと言って、今後につなげましょう。

✕NG

- 食べ物を持ち込む
- その場で化粧直しをする
- 大きな荷物を持ち込む
- 両手で皿を持つ
- 料理を山盛りにとる
- メインテーブルの前で食べる
- 使った皿をメインテーブルの上に置く
- 料理を人の分までとり分ける

A 人とすれ違うときや、人前を通るときに会釈をしたり、目が合ったときにほほ笑みかけたりすると好印象です。

飲み会に参加する

☐ ここが大事！：上司からの誘いはできるだけ快く受ける

上司に誘われたら

▶誘ってくれたことに感謝する

忘年会などの社内行事以外で、上司や先輩に誘われたら、予定がなければできるだけ受け入れたいものです。断る際も無下にせず、誘ってくれたことへの感謝をしっかり伝えることが大切です。

✕NG

上司に黙ってほかの人を誘う

「上司とふたりきりは気まずい」と思っても上司に無許可でだれかを誘うのはマナー違反です。もしかしたら改まった話があるのかもしれないので、「よろしければ、○○さんも誘ってもいいですか？」とかならず確認をとりましょう。

▶断るときは角が立たないように

「申し訳ありません。せっかくのお誘いですが、本日は先約がありまして……」

「お声がけくださりありがとうございます。申し訳ないことに本日は用事がありますので、また誘っていただけると嬉しいです」

「お誘いありがとうございます。ただ、本日は少し風邪気味でして……」

POINT

無理のしすぎは禁物だが断りすぎないのもマナー

無理をしてまでつき合う義務はありません。ただし、毎回断ると上司の心証を悪くする可能性もあるので、自分の中で3回に1回はつき合うなどと決めておくのもよいでしょう。新たな発見や情報を得るなど、意外と有意義な時間になるかもしれません。

↑LEVEL UP

上司と飲むときにおすすめの話題

上司と話すときは聞き役に回るのがいちばんです。上司が興味あることを聞いたり、教えを請うたりすれば、相手も気持ちよく過ごせます。

悩みを相談
「モチベーションが上がらなくて悩んでいるんです」

上司の若い頃の話
「齋藤部長が私くらいのときはどのようなお仕事をされていたんですか？」

上司の趣味の話
「そういえば、加藤部長はゴルフがお上手だと伺いました」

Q 酔うと説教をする上司がいるが、よい回避方法はある？ »

上司と飲むときの注意点

敬意を忘れずに!

上司ということを忘れずに、ふたりきりだからといって油断はしない。お酌はもちろん、言葉遣いにも気をつけて。

酔いすぎない!

上司に注がれたからとすべて飲み干していると、うっかり飲みすぎてしまうことに。むしろ上司を支える役目を。

席次を意識にする!

常にどこが上座でどこが下座かということは頭に入れておきましょう。基本的には出入り口に近いほうが下座と覚えておきましょう。

しっかりお礼を!

ごちそうしてもらって当然という態度はとらず、「ごちそうになり、ありがとうございます」と誠意をもってお礼を伝えます。

✗ NG

- お酒を片手で注ぐ
- 上司や先輩に手酌させる
- 勢いよくグラスを合わせて乾杯をする
- 目上の人より先に料理に手をつける
- 悪口を言ったりうわさ話をしたりする
- 踏み込んだ話を聞く

✓ ここも Check!

「無礼講」は「何でもしていい」ではない

「今日は無礼講で」という言葉を「無礼なことをしてもよい」ことだと勘違いしている人が多いようですが、本来は「今日は席次を気にせず楽しんでよい」という意味。意味を履き違えないように注意しましょう。

↑ LEVEL UP

お礼を言えばいいってわけではない

飲み会の次の日には、「昨日はありがとうございました」としっかりお礼を伝えます。ただし、こっそり誘われた場合は、お礼を言うときも周りに気づかれないように伝えましょう。

A 説教が始まりそうになったら、「せっかくの機会ですので、本日は部長の若い頃の話を聞かせていただけますか」などと自分語りをしてもらうと説教から逃れられる可能性も。

飲み会の幹事を務める

☐ ここが大事！：幹事は参加者全員につねに気を配ろう

準備の流れとコツ

1 日時、参加人数を決める

まずは飲み会に参加するおおよその人数を把握します。上司や、その飲み会の主役が都合のよい日程を優先していくつか候補日を挙げ、日時を決定します。

> **ここもCheck!**
> **出欠を管理する便利なツール**
> 人数が多いほど出欠の管理はたいへんになりますが、最近ではインターネット上に、幹事のための出欠管理ツールなどがあります。かしこく利用してスムーズな進行を。

2 会場を決める

参加者の人数が決まったら、次に重要なのはお店選びです。上司や主役の好みを優先したうえで、参加者の要望を聞き、いくつか候補を挙げて決めます。

> **POINT**
> **お店選びでチェックすること**
> ・主役や上司の好みに合っているか
> ・予定人数が入れる広さか
> ・費用は予算内か
> ・会社から行きやすい立地か
> ・どのような特徴があるか
> ・落ち着いて会話ができる店か

> **↑LEVEL UP**
> **投票で会場を決める**
> 参加者全員が納得するお店を選ぶのはむずかしいもの。そこでおすすめなのが、候補のお店を数軒出し、参加者に投票してもらう方法です。多数決であれば文句は出ないうえ、参加者にもより楽しんでもらえるはずです。

3 店を予約する

人数や日程が確定したら予約を入れます。予約する際は、伝え間違いや聞き間違いなどのないように、手元にメモを用意するのがおすすめです。

4 参加者へ案内を出す

参加者に日時、場所、会費などをメールで案内します。メールを送る際はCCで送ると、受信者はほかの参加者がひと目でわかるのでよいでしょう。

> **↑LEVEL UP**
> **店の特徴も記すと◎**
> 案内メールには、「黄色の大きな看板が目印です」などと外観の特徴を書くほか、「カニ料理が絶品のようです」「19時からピアノ演奏があります」など、店の特徴も伝えると、参加者の期待値が上がります。

Q 二次会の店も予約しておいたほうがいい？

当日の幹事の仕事

▶会場には最初に到着する

ほかの参加者よりも先に、会場へ向かいます。参加者といっしょに向かってもよいのですが、できれば早めに到着し、店の人にあいさつしておくとよいでしょう。

▶はじめに会費を集める

飲み会では、参加者は酔いが回っていて、スムーズに徴収ができないことがあります。席に通されたら、はじめに会費を集めておきましょう。

▶参加者全員が楽しめるよう気を配る

参加者に飲み物が行き届いているか、料理は滞りなくわたっているかなど、幹事は飲み会中もつねに気を配ります。また、飲みすぎている人がいないかどうかもチェックを。

POINT

えらい人には会費を多く出してもらおう

上司や先輩社員も参加する飲み会であれば、役職や年次によって会費の金額に差をつけることも。歓送迎会などであれば、主役は無料にします。

↑LEVEL UP

ひと言メッセージを伝える

「至らないこともあったでしょうが、今後もよろしくお願いいたします」などのメッセージを、飲み会後や翌日に参加者ひとりひとりに伝えると、不手際が多少あったとしても、よい評価で終わるはずです。

歓送迎会の幹事の仕事

▶司会を務める

歓送迎会では、幹事は司会も務めます。開始のあいさつや、新任する人の紹介など、タイミングを見てスムーズに進行しましょう。

▶新任する人などの紹介をする

「○○課に新たに配属された3人を紹介します」などと、新たに仲間として加わるメンバーを全員に紹介します。

▶転任する人にはプレゼントを贈る

転任する人の場合は、あいさつをしてもらったり、プレゼントを贈ったりします。贈る段取りは事前に参加者で話し合い、決めておきましょう。

ここもCheck!

紹介するタイミングは乾杯前

席に通され、おのおのが飲み物を頼んだら、飲み物がくるまでのあいだに新任者など、そのときの主役を紹介します。そして乾杯後は、料理がくるまでの時間を利用し、主役となる人それぞれにあいさつをしてもらうとよいでしょう。

POINT

プレゼント選びのポイント

花束が定番ですが、寄せ書きやアルバムなど、ひと手間かかるものだと、より気持ちが伝わるのでおすすめです。

A もともと予定している場合は、予約をしておきます。しかし、有志のみでという場合は、事前に何軒か目星をつけておき、二次会が決定した段階で店に電話し、予約します。

自宅訪問のしかた

☐ ここが大事！：相手を不快にさせないふるまいを

自宅訪問の基本

▶手土産を準備する

相手が好きそうなものや家族構成などをふまえて、手土産を用意します。相手の家の近くで買うと、準備不足の印象を与えます。めずらしさにも欠けるので避けましょう。

↑LEVEL UP

自然素材の手土産を選ぶ

喜ばれる手土産としておすすめしたいのが、添加物なしのお菓子やドリンクなどの健康志向のものです。とくに訪問先に子供がいる場合は、喜ばれるでしょう。

POINT

定番の手土産
・クッキーなどの日持ちするお菓子
・ワインや日本酒などのアルコール類
・ハーブやジンジャーなどのオーガニックドリンク
・話題のスイーツ
・アレンジメントされたお花など

▶女性は膝下丈のスカートを

男女ともに清潔感のある服装を心がけます。また、女性は座ったときに膝が出ないよう膝下丈のスカートを選びます。かならず靴下やストッキングを着用し、穴があいていないかよく確認します。

▶相手の都合に合わせて訪問を

かならず相手の都合に合わせます。相手が指定してこないかぎり、食事時間は避けて訪問するのがマナーです。

↑LEVEL UP

時間ギリギリの訪問が正解

早めに着いてしまうと、相手がまだ準備できておらず、迷惑になる可能性があります。時間どおりに着くように調整し、早く着いてしまった場合は近所を散策するなどして時間をつぶしましょう。

Q 犬が苦手なのですが、訪問先に犬がいるときはどうする？

玄関での手順とマナー

1 コートなどを脱いでインターホンを押す

コートなどの上着はかならず玄関に入る前に脱ぎます。裏返し、縦に三つ折りにして、腕にかけて入ります。また、髪は乱れていないかなど身だしなみのチェックも入念に。

2 靴を脱いで室内に上がる

相手におしりを向けないように注意しながら、「失礼いたします」と言って靴を脱ぎます。靴のかかとを下駄箱に向け、相手にすすめられたらスリッパを履いて部屋へ進みます。

> **↑LEVEL UP**
> **玄関にも上座と下座がある**
> 玄関では下駄箱のあるほうが下座となります。靴を脱いだら、かかとを下座に向けて下駄箱の前に置きます。

POINT　靴の脱ぎ方

正面を向いたまま靴を脱ぎます。相手におしりを向けないよう体を少し斜めに向け、両膝をついて靴のかかとを下駄箱に向けます。

入室の手順とマナー

1 通されたらあいさつを

部屋に通されたら、まず「本日はお招きいただき、ありがとうございます」などとあいさつします。家を見てほしいという気持ちもあって招待する人もいるので、インテリアなどを褒めると喜ばれるでしょう。

2 手土産を差し出す

紙袋などから取り出した手土産を両手で持ち、正面を相手に向けてから、渡します。すぐに冷蔵庫や冷凍庫にしまわなければいけないものや、土などで家を汚してしまう可能性のある鉢植えなどは、玄関で渡しましょう。

3 椅子に座る

相手に「どうぞおかけください」などとすすめられたら、「恐れ入ります」と言って座ります。上座をすすめられたら、遠慮なく座りましょう。かばんやコートは自分の下座側の椅子の上か床に置きます。

> **ここもCheck!**
> **和室の場合**
>
>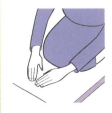
>
> 和室では正座をし、両手の指をそろえて畳の上に「ハ」の形に置き、上体を前傾させてあいさつします。

> **↑LEVEL UP**
> **きれいに見える姿勢**
> 和室でも洋室でも、背筋をしぜんに美しく伸ばします。ソファーや椅子の場合は浅く腰かけるようにし、気を抜いて足を組むなどしないように気をつけます。

A 無理をして接するのは双方にとってマイナスです。申し訳ない気持ちと、苦手であることを事前に伝えれば、当日はケージなどに入れておいてくれるでしょう。

訪問先での過ごし方

☐ ここが大事！：親しい上司や先輩であっても礼儀をもちましょう

お茶やお菓子をいただくときのマナー

▶紅茶

自分でミルクティーを注ぐときは、先にカップにミルクを入れてから紅茶を注ぎます。あらかじめカップに紅茶が入っている場合は、ミルクを入れたら混ぜないように。砂糖はミルクの前に入れて、混ぜます。

▶コーヒー

ミルクなどを入れる前に、まずはブラックのままで香りを楽しみましょう。ソーサーは持たずに、カップだけ持つのがマナーです。

> ☑ **ここもCheck!**
>
> **紅茶とコーヒー共通のマナー**
> ・カップは片手で持つ
> ・息を吹いて冷ますのはNG。スプーンで混ぜて冷ます
> ・手前に置いてあるスプーンはカップの奥に置いて飲む
> ・アイスの場合は、水滴が落ちないようハンカチなどを添える
> ・スプーンで混ぜるときは音を立てないようにする

▶日本茶

蓋は両手で、水滴が垂れないように一度湯のみ茶碗に水滴を落としてから、裏返して右横に置きます。飲むときは音を立てないように。

▶ケーキ

ケーキの周りについているフィルムは、フォークで巻き取って外します。端から一口ずつ切って食べましょう。

> ☑ **ここもCheck!**
>
> **和菓子の食べ方**
> 左側から一口分に切り分けて食べます。口に運ぶときは、懐紙を受け皿代わりにするとよいでしょう。お煎餅は袋を開ける前に袋の中で割るか、ハンカチなどを膝に広げてその上で割ります。

↑LEVEL UP

「何かお手伝いすることはありますか？」
食事などを用意してくれているときは、手伝いを申し出ましょう。相手は断ると思いますが、声をかけることが相手への気遣いになります。ただし、勝手に台所に入るのはNGです。

Q 出されたものは残してもいいの？

おいとまするときのマナー

▶滞在時間の目安は1～2時間
相手に気を遣わせてしまうので、はじめての訪問先では、用事がすんだらすみやかに帰ります。あらかじめ帰る時間を伝えておくとより親切です。

▶区切りを待って切り出す
会話が盛り上がっている場合は、水を差さないようにしましょう。会話の区切りがよいときや、相手が中座するときなどを見計らって、帰る旨を切り出しましょう。

POINT
おいとまするときに使えるフレーズ
「そろそろ失礼させていただきます」
「すっかり長居してしまい、申し訳ありません」
「こちらをいただいたら失礼します」

✓ここもCheck!
スリッパやコートの扱いに注意

帰り際は玄関で靴を履いたら、スリッパの向きを直し、そろえて元の位置に戻します。コートやマフラーなどは玄関を出てから身につけるのがマナーですが、すすめられたら中で着てもかまいません。

↑LEVEL UP

訪問後にお礼状やメールを出す

先日はお忙しいなか、お邪魔させていただいたうえに、
夕食までごちそうになり、誠にありがとうございました。
奥様にもお礼を申し上げますとお伝えいただけますと幸いです。

おかげさまでたいへんすばらしい時間を
過ごすことができました。

今後ともご指導のほど何卒よろしくお願い申し上げます。

まずはお礼まで。

とくに目上の人の家を訪問したときや改まった用件のときは、お礼状を出すと好印象を与えます。家族にも感謝の気持ちを伝えると、より好印象となります。

✓ここもCheck!
こんなときどうする? 訪問マナー

トイレを借りる	苦手なものが出た	タバコが吸いたい
「お手洗いをお借りできますか」と確認をとったうえで、入る際はノックを忘れずに。汚さないように注意して使い、持参したティッシュペーパーでシンクなどの水しぶきを拭きとります。	どうしても食べられないものは無理をして食べる必要はありません。「申し訳ありません。体調の関係で控えておりまして……」などと伝えます。苦手なだけである場合はがんばって食べてみるのがよいでしょう。	家主が吸う家で、灰皿が用意してあるようなら吸ってもよいでしょう。その場合も、相手が火をつけ、すすめられてからにします。もちろん、灰皿などがなければ控えるべきです。

A ひと言、お詫びを伝えて、残してもかまいません。ただし、一度手をつけたものを途中で食べ残すことはいけません。食べる前に食べきれる量に減らしてもらいましょう。

お見舞いのしかた

☐ **ここが大事！**：相手の容態を第一に考えて、身だしなみや話題に注意する

お見舞いのマナー

▶かならず確認をとってから

入院した人のなかには、ひとりにしておいてもらいたい人もいます。かならず事前に家族か本人に訪問の許可をもらいます。その際は面会可能な時間も聞いておきましょう。

▶原色の服は×

服装は清潔感を心がけ、気持ちが穏やかになるような淡い色のものを選びます。赤や青など気分を高揚させる強い原色は避けます。香水をつけるのもNGです。

▶家族へのねぎらいも

お見舞いで家族の方と会った際は、ねぎらいの言葉をかけましょう。ただし、入院している本人が聞くと気を遣わせてしまうので、病室の外で声をかけます。

×NG
大人数で押しかけて長時間居座る

相部屋の場合、大人数で行くとほかの患者に迷惑をかけてしまうので、多くても5人くらいまでにします。また、長居すると相手に負担がかかるため、15分くらいから長くても30分以内で切り上げて。

↑LEVEL UP
お見舞いを控えるときは手紙を書く

お見舞いに行けないときは、お見舞いの手紙を書き、快復を祈る言葉を添えて心配の気持ちを伝えます。

> ご入院なさったと伺いたいへん驚いております。日頃からお忙しくされていらっしゃいますので、お疲れが出たのではと案じております。この機会に充分ゆっくりなさっていただければと存じます。お見舞いに伺いたいと存じますが、まずは書中にてお見舞い申し上げます。

Q 災害見舞いはどんなものを贈る？

おすすめのお見舞い品

▶定番はお花

定番品ですが、持参を禁止している病院もあるので注意しましょう。また、水換えの必要がないアレンジメントがおすすめです。

×NG
- ユリなどの香りが強い花
- キク（弔事用として使われるため）
- シクラメン（「死」や「苦」を連想させるため）
- ツバキ（花の落ち方が不吉なため）
- 鉢植え（根がつく→寝つくを連想させるため）

▶現金・商品券

相場は5千～1万円くらい。表に「御見舞」と書いた封筒に入れ、手紙を添えて渡します。目上の人には失礼にあたるので避けましょう。

▶実用品

長期入院の場合は入院生活に役立つ、パジャマやタオルなどの実用品が喜ばれます。気持ちが安らぐように、淡い色のものを選びます。

▶本・CD

入院生活が快適になるように、相手の趣味に合わせた本やCDを。親しい間柄なら、事前にリクエストを聞いても◎。

会話の注意点

▶本人に伝えづらいことは聞かれないかぎり言わない

本人にショックを与えるようなことは言わないように気遣います。同僚や取引先なら、責任を感じさせないよう配慮し、「あなたがいないと寂しい」という気持ちを伝えるのみにしましょう。

×NG
- 仕事に関する詳細な話
- 病気についての詳細な話
- 相手の見た目について（やつれた、弱ったなど）
- ネガティブなニュース

✓ここもCheck!

自分が入院したとき

ほかの患者にあいさつは必要？
同じ病室の患者と関係が良好でないと、お見舞いへの嫉妬や騒音でトラブルになることも。長期入院の場合は、最初にあいさつをしておくとよいでしょう。

お見舞いへのお返しは？
退院後は、お見舞いをいただいた方に「快気内祝い」として品物を贈ります。いただいたお見舞い品の3分の1から半分程度の金額の品を返します。

おすすめの品物
・食品
・石けん
・洗剤　など

A 現金が喜ばれることが多いようです。ほかには衣服や毛布、日用品など、一般的にすぐに役立つ品物を贈るとよいといわれています。

贈り物のマナー

☐ ここが大事！：贈りたいものではなく相手が望むものを贈る

お中元・お歳暮の贈り方

▶贈る時期は地域で異なるので注意

[お中元]
関東は7月初旬〜15日頃までに。関西は7月16日〜下旬まで、それより西では8月初旬〜15日までに贈るとされています。ただし地域によって異なることもあるので確認を。

[お歳暮]
関東は12月初旬〜15日頃までに。関西やそれより西では、12月15日〜28日までに贈るとされています。
ただしこちらも地域によるため、事前に確認を。

▶職場では会社の慣習に従う

お中元もお歳暮も、日頃お世話になっている人に対して感謝を伝えるために贈る品物です。社内で贈る慣習があるようなら、それに従って上司や先輩に贈るとよいでしょう。

▶贈る品物には季節感や思いやりを

夏であればビールやそうめんなど、季節に合わせた食品が定番です。贈る相手の職場や家族構成、嗜好を考えて選ぶとよいでしょう。

POINT
定番の品物
- ビール
- ジュース
- 食用油
- コーヒー
- ハム、ソーセージ
- 調味料　　など

▶のし紙をつける

お中元もお歳暮も、赤白の蝶結びののし紙をつけます。喪中の人にはかけ紙のみにする配慮を。表書きは「御中元」「御歳暮」とします。

↑LEVEL UP

一筆箋をつける
お中元やお歳暮は、日頃お世話になっていることへの感謝を伝えるための贈り物です。品物を贈るだけではなく、一筆箋を添えて気持ちを文字でも伝えると好印象です。

☑ここもCheck!

贈る相手によって品物を変えることが大切

ただ定番品を選んで贈るのではなく、相手が喜ぶものを考えて贈ることが大切です。全員に同じ品を贈るのではなく、ひとりひとりの喜ぶ顔を思い浮かべながら品物を選ぶのもマナーです。

Q お中元かお歳暮のどちらかだけ贈ってもいいの？

お中元やお歳暮をいただいたら

▶お礼状を出す

> 拝啓　年の瀬も迫り、何かとお忙しいと存じますが、いかがお過ごしでしょうか。
>
> 　さて、このたび結構なお品を頂戴いたしまして、誠にありがとうございました。社員一同早速おいしくいただきました。
>
> 　時節柄、ご多忙な日々かと存じますが、貴社のますますのご発展をお祈りいたしております。
>
> 　略儀ながら書中をもちまして、お礼申し上げます。
> 　　　　　　　　　　　　　　　　　　　敬具

▶社外の人からいただいたらかならず上司に報告を

会社宛ではなく、個人宛でいただいたとしてもかならず上司に報告します。お中元もお歳暮も基本的にお返しは必要ないのですが、受け取ったら2〜3日中にお礼状を送ります。

POINT
品物の感想を書く
贈った相手は、品物を喜んでくれたかどうかをいちばん気にしています。いただいたお礼だけでなく、「おいしかった」「皆とても喜んだ」など品物への感想を相手に伝えましょう。

季節のあいさつ状を贈る

年賀状

元旦から1月7日の松の内までに相手に届くように出すのがマナーです。昨年お世話になったお礼などを書き、ひとりひとりに簡単なメッセージを添えます。

暑中見舞い

7月7日頃から立秋の8月7日頃までに出します。近況報告や相手の健康を気遣う言葉を添えます。それ以降、8月末までは残暑見舞いとして出します。

↑LEVEL UP
オリジナルのメッセージを
年賀状はその人とのできごとを振り返るよい機会になります。お世話になった人のことを思い出し、その相手との印象的なできごとなどを具体的に記し感謝の気持ちを伝えましょう。

☑ここもCheck!
年賀状を出し遅れたら寒中見舞いを送ろう
寒中見舞いは松の内を過ぎる1月7日（地域によっては1月15日）から2月4日頃の立春前までに出します。年賀状を出し遅れた場合は、寒中見舞いハガキを送ることをおすすめします。

A お中元を贈った相手には、お歳暮も送るのが一般的なマナーです。どちらか一方のみしか贈れない場合は、一年の締めくくりとしてお歳暮を贈るほうがよいでしょう。

和食の食べ方

☐ **ここが大事！**：箸や器の正しい扱い方を身につけよう

▶足元も入念にチェックする
靴を脱ぐ場合もあるので、靴下やストッキングに穴があいていないか確認を。素足はもちろんNGです。

▶正座ができる服装で
女性はタイトスカートやミニスカートなど、膝が見える装いは避けます。

▶敷居や畳の縁は踏まない
敷居はその家の骨格ともいうべき大切な場所です。畳の縁は昔、その家の家紋があしらわれていたというところから、象徴ともいえる大切な箇所です。これらを踏む行為は失礼にあたるので厳禁です。

和食店での席次

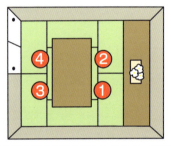

床の間の前の席が上座となります。床の間がない場合は入り口から遠い席が上座です。

↑LEVEL UP
アクセサリーは外す
長いネックレスや指輪、ブレスレットなどは器を傷つけてしまう可能性があります。基本的に結婚指輪以外のアクセサリーは外して食べるのがマナーです。

和食の種類

- ▶**本膳料理**　最も格式が高く、伝統的なスタイル。本膳、二の膳、三の膳、与（四）の膳、五の膳までの各膳に料理を並べて出します。
- ▶**懐石料理**　お茶の席の料理として発展し、茶懐石ともいわれます。一汁三菜が基本で、一品ずつ料理が運ばれます。
- ▶**会席料理**　本膳料理を簡略化した料理で、現在の和食スタイルの主流。料理が並んでいる形式と一品ずつ運ばれてくる形式とがあります。

☑ここもCheck!
会席料理の一般的な流れ
① 前菜（先付）
② 吸い物（椀物）
③ 刺身（お造り・向付）
④ 焼き物
⑤ 揚げ物
⑥ 蒸し物
⑦ 煮物（炊き合わせ）
⑧ 酢の物
⑨ ご飯・汁物・香の物
⑩ 果物（水菓子）

Q 割り箸の扱い方は？

箸の扱い方

1
右手の親指、人さし指、中指で中心よりやや右を上から持ち、とり上げます。

2
左手の指先を中心よりやや左に下から添えます。右手は箸の頭のほうへ滑らせます。

3
右手を下へと滑らせます。持つときは下の箸を親指のつけ根で持ち、薬指を添えて。

4
上の箸は人さし指と中指で挟んで、上の箸を動かします。

お箸のNGマナー

▶ **寄せ箸**
箸を使って器を引き寄せること。

▶ **握り箸**
箸を握るような手つきで持つこと。

▶ **刺し箸**
箸の先で料理を突き刺して食べること。

▶ **さぐり箸**
料理を器の中でかき回して探ること。

▶ **渡し箸**
器の上に箸を渡すように置くこと。

▶ **移り箸**
おかずからおかずへ連続して箸を進めること。

▶ **ちぎり箸**
箸を1本ずつ手に持って、料理をちぎること。

▶ **重ね箸**
同じ器から連続して料理をとること。

器の扱い方

▶ **片手はNG**

器と箸を片手で同時に持つのはマナー違反。いったん箸を箸置きに置いて、両手で扱うようにします。ひとつひとつの動作を丁寧に行うことを意識しましょう。

POINT
持ち上げてよい器
持ち上げてはいけない器

和食では、手に持つ頻度が高い器ほど手前に置いてあります。したがって、奥にある平皿や大皿は持ち上げずにいただきます。ほかにも、以下のお皿は持ち上げNGです。

・刺身や焼き物の皿
・てんぷらが盛ってある皿
・煮物の大きめの鉢　など

A 真横に割ると隣の人にぶつかる可能性があるので、上下に扇を描くように割ります。膝の上で箸袋から引き出して割るのが正式なマナーです。

和食の食べ方

※ここでは右利きの場合で説明します。
左利きの人は、説明の左右が逆になります。

▶汁物

1
左手を椀の脇に添えて、右手の親指と人さし指で蓋の糸底をつまみます。

2
そのまま蓋を奥に向けて開き、椀の縁に立てかけるようにして水滴を中に落とします。

3
水滴が落ちたら、裏返します。蓋の端に左手を添え、静かに右側に置きます。

4
食べるときは左手の親指を椀の縁にかけ、残りの指を椀の底に添えます。

▶焼き魚

1
胸びれのあたりに箸を入れて、上の身から食べます。頭から尾に向けて食べ進めます。

2
表側を食べ終えたら懐紙などを使って頭を押さえ、中骨の下に箸を入れます。

3
箸を横に滑らせて、尾のほうから骨を外します。外した骨は皿の奥に置きます。

4
下の身は頭から食べます。食べ終えたら中骨を箸で挟んで半分に折り、ほかの骨とまとめて皿の左上へ。

✕NG

魚を裏返すのはNG
祝いの膳では「ひっくり返す」という行為は嫌われるので、上身を食べ終えても裏返さないように注意します。

↑LEVEL UP

懐紙を活用する

魚の骨をとり出す
口に魚の骨が入ったときは、懐紙で口元を隠しながらとり出します。

汁気のあるものを食べる
手皿をすると、手に汁などがたれ、汚れてしまいます。手を汚さないためにも、懐紙を添えて食べましょう。

▶刺身

わさびは醤油に溶かず、刺身の上にのせて食べます。小皿を口元まで近づけ、醤油を垂らさないように食べます。

Q ご飯のおかわりがほしいときは？

▶にぎり寿司

箸とシャリが平行になるように挟んで、持ち上げます。そのまま手前に少し傾けネタに醤油をつけて食べます。

> ✕ NG
>
> **シャリに醤油をつける**
> シャリがバラバラに崩れてしまったり、醤油をつけすぎたりしてしまうのでNG。
>
> **上から持つ**
> 箸を立てて上から持つと、シャリが崩れやすくなってしまいます。

▶軍艦巻き

にぎり寿司と同様に横から挟みます。醤油は少量を直接シャリの角につけても、ガリにつけて、それをネタに塗ってもOK。

▶ご飯

会席料理では、汁物とご飯は交互に食べます。手前から一口ずつ食べ、ご飯が半分くらいになったら香の物に箸をつけます。

▶天ぷら

盛りつけを崩さないように、手前から食べます。天つゆにつける場合は先端に軽くつける程度にします。

▶串もの

そのまま食べずに、箸で串を挟むようにして、身を外してから食べます。楊枝なども箸で外してから食べましょう。

▶茶碗蒸し

スプーンを器の内側に添って一周させ、器からはがしてから食べます。混ぜて食べるのは、すくいにくくなるのでNG。

✓ここもCheck!

エビや魚の尾の扱い方

器の端に置いておきます。天ぷらに添えてある飾りで隠してもよいのですが、端にまとめ、懐紙で覆い隠して置いておくと上品です。

A 椀の中に一口分だけ残すと、おかわりのサインになります。箸を置いて、両手で店の人に渡しましょう。

洋食の食べ方

□ **ここが大事！**：カトラリーやナプキンの扱い方を知ればスマートに！

▶店にドレスコードの確認をする
カジュアルな服装では入店を断るお店も。高級店を予約する際には確認を。

▶椅子は自分で引かない
椅子に座るときはお店の人に引いてもらい、左側から座ります。

▶大きめの荷物は店に預かってもらう
大きな荷物はほかの人の迷惑になるので、店に預かってもらいます。小さめのバッグは椅子の背もたれと腰のあいだに置きます。

✕ NG

香水をつけすぎる
料理の風味が損なわれるほか、ワインの香りが楽しめなくなり、周りにも迷惑です。

落としたものを拾う
レストランでは、落としたナイフやフォークは自分で拾わず、ウェイターを呼んで新しいものをもらいます。

自分のペースで食べる
コース料理の場合は、同席者と同じペースで食べ、同じタイミングで料理が出てくるようにするのがマナーです。

フルコースの進み方

［フランス］
① 前々菜
② 前菜
③ サラダ
④ スープ
⑤ パン
⑥ 魚料理
⑦ ソルベ
⑧ 肉料理
⑨ サラダ
⑩ チーズ
⑪ デザート
⑫ フルーツ
⑬ コーヒー＆プチフール

［イタリア］
① 前菜
② 第一の皿
③ 第二の皿
④ 野菜料理
⑤ チーズ
⑥ デザート

Q 今の料理を残して次の料理にいきたいときは？

食器の扱い方（フランス式）

① オードブルナイフ
② オードブルフォーク
③ スープスプーン
④ 魚用スプーン
⑤ 魚用ナイフ
⑥ 魚用フォーク
⑦ 肉用ナイフ
⑧ 肉用フォーク
⑨ デザートナイフ
⑩ デザートフォーク
⑪ 位置皿＆ナプキン
⑫ パン皿
⑬ フィンガーボール
⑭ シャンパングラス
⑮ 白ワイン用グラス
⑯ 赤ワイン用グラス
⑰ 水用グラス

▶左右ともに外側から使う

コース料理では、あらかじめカトラリーやグラスがセットされています。料理ごとに外側から順に使っていきましょう。

POINT

途中で離席するとき

ナイフは刃を内側に、フォークは背を上にして置きます。イギリス式はナイフの上にクロスしてフォークを置きます。

食べ終わったとき

ナイフは刃を内側に、フォークは背を下にして、右斜め下に向けて置きます。イギリス式では皿の中心6時の位置に置きます。

ナプキンの扱い方

▶食事中

ナプキンは汚れを防ぐためにあります。口元や指先を拭いてもまったく問題ありません。

POINT
相手がとってから広げる

ナプキンは目上の人がとってから、とります。一般的に、最初の注文を終えたあとか乾杯後にとるようにします。

▶中座するとき

たたまずに無造作に椅子の上に置きます。椅子の背もたれにかけるのは、お店の人の仕事です。

▶退席するとき

たたまずにテーブルの上に置きます。きれいにたたむのは「おいしくなかった」というサインになってしまうので注意。

A カトラリーを、食べ終わったときのサインにして置きます。お店の人が気づいて下げてくれるでしょう。

洋食の食べ方

▶スープ（フランス式）

スプーンを手にとり、皿の奥から手前に向かってすくいます。

丸いスープスプーンは横から、先端が細いスプーンは先端から口の中に流し込みます。

☑ここもCheck!

イギリス式は逆!

皿の手前から奥に向かってすくいます。食べ方のマナーはフランス式と共通です。ちなみに、スープは「飲む」ではなく「食べる」というのが正式です。

▶魚料理

1
尾ひれの上から頭に向かって、骨に沿ってナイフを入れ、上の身を外します。

2
外した上の身は皿の手前に置き、左端から一口ずつ切り分けます。

3
上の身を食べ終えたら、骨と下の身の間にナイフを入れ、骨を外します。

4
取り外した骨は皿の奥に置き、残りの下の身を食べます。

▶ステーキ

左端から一口ずつ切って食べます。最初にすべて切り分けると、肉汁が出て冷めやすくなるのでNGです。

▶串焼き

串を手で持ち、フォークで肉を押さえながら引き抜きます。串から外したら一口大に切り分けて食べます。

▶骨つき肉

フォークで押さえながら、骨に沿ってナイフで切り込みを入れ、肉を切り離します。左端から一口ずつ切り分け食べます。

☑ここもCheck!

つけ合わせの食べ方

野菜などのつけ合わせも一口大に切って食べます。ソースなどをよくからめとって食べましょう。

Q 肉の焼き加減にはどんな種類があるの？

▶パン

そのままかじらず、一口大にちぎって食べます。テーブルの上に落ちたパンくずはお店の人に任せてよいのでそのままに。

▶サラダ

レタスなどの大きな野菜は、ナイフとフォークで音を立てないように注意しながら切り分けたり、一口大に折ったりして食べます。

▶パスタ

フォークに2〜3回巻きつけて食べます。スプーンが添えられていても、フォークのみで食べるのが正式です。スプーンを使用するのは、スープスパゲティーのときだけです。

> **↑LEVEL UP**
> **魚介の殻は皿の端に**
> 左手で殻を持って、フォークで中身をとり出します。殻は皿の端にまとめて置いておきます。

デザートの食べ方

▶メロン

右から皮と果肉のあいだにナイフを入れます。左端まで切り進んだら、メロンを右に180度回転させ、左から一口大に切りとって食べます。

▶ブドウ

手で皮をむいて食べてかまいません。種と皮はまとめて皿の左上端に置きます。

▶ミルフィーユ

ナイフとフォークを使って横に倒し、層に直角にナイフを入れ、一口大に切って食べます。また、倒さずに層ごとに分けて食べてもOK。

▶アイスクリーム

ソースはかき混ぜず、手前からすくって食べます。ウエハースやクッキーは口の中が冷たくなるのを和らげる効果があるので、口を休めたいときに食べましょう。

A 代表的なものは4つ。中心までしっかり焼くのがウェルダン、続いてミディアム、レアの順で焼き加減が弱くなります。ブルーレアは表面をさっと火に通しただけの焼き方です。

中国料理の食べ方

☐ **ここが大事！**：ターンテーブルは周囲に気を遣うことを忘れずに

中国料理の基本

▶ターンテーブルは時計回りに

上座の人から順番に料理をとります。料理をとり終わったら、とった人がターンテーブルを時計回りにゆっくり回します。

▶全員が料理をとってから食べる

自分が料理をとり終わっても、全員がとり終わるまでは食べ始めてはいけません。また、とるときはほかの人のことを考え、一度にたくさんとるのは控えます。

▶器は持ち上げない

中国料理では、箸とれんげ、湯のみ（グラス）以外は手で持ち上げてはいけません。とり皿もテーブルの上に置いたまま、いただきましょう。

> **✗ NG**
> - とり皿をターンテーブルに置く
> - 自分の箸でとり分ける
> - 身を乗り出す
> - 声をかけずにいきなりターンテーブルを回す
> - 人の分までとり分ける

中国料理での席次

入り口からいちばん遠い席が上座、上座から見て左隣が第二席、右隣が第三席です。

> **☑ここもCheck!**
>
> **主賓から料理をとる**
>
> 料理は上座にいる主賓からとっていくのがマナーです。自分の番がきたら回してくれた右隣の人に「ありがとうございます」とお礼し、左隣の人に「お先に失礼します」とひと声かけてから料理をとります。

Q 殻つきのエビやカニはどうやって食べる？

中国料理の食べ方

▶汁麺

食べやすい量の麺をれんげで受けながら食べます。汁を飲むときはいちど箸を置いて、れんげを利き手に持ち替えて飲みます。

POINT
れんげの持ち方

くぼみに人さし指を入れ、親指と中指で挟んで持ちます。口に運ぶときは先端を口に当てて食べましょう。

▶北京ダック

1

皮にたれを塗り、その上に肉やねぎ、きゅうりなどをのせます。

2

先に下の皮を折り曲げて、続いて左右の皮を折って食べます。そのまま手づかみで食べてかまいません。

▶春巻き

箸で左端から一口大に切って食べます。中の汁が飛び散らないように注意して、ゆっくり切りましょう。

▶小籠包

すぼまった部分を箸でつまみ、とり皿かれんげの上にのせ、一口大にして食べます。皮を崩さないように気をつけます。

飲み物の飲み方

▶中国茶

蓋つきの中国茶を飲むときは、茶碗を利き手と反対の手で持ち、利き手で蓋を少しずらしながら飲みます。

> **ここもCheck!**
>
> **中国料理は残したほうがよい!?**
>
> 中国では、食べきれないほどたくさんの料理がテーブルに並びます。完食してしまうと、「料理が足りなかった」という意味になり、おもてなしをしてくれた人に恥をかかせてしまうことに。残すことで「十二分のおもてなしをありがとうございました」という満足と感謝の気持ちを伝えます。

A 殻から身を外して食べても良いですが、中国ではエビの殻は殻ごと食べて、箸か手で殻を出します。殻は皿の左上端にまとめて置きます。

その他の食事マナー

☐ **ここが大事！**：多人数で食べる料理はほかの人へも気遣いを

焼き肉のマナー

一度に焼く量に気をつける

出された肉や野菜をすべて網の上にのせてしまうと、とり皿の上で冷めてしまったり網の上で焦げてしまったりします。一度に食べる分だけ焼きましょう。

焼く順番にもこだわる

タレのついた肉を焼くと網が汚れてしまうので、最初はタン塩などのあっさり味の肉から始めます。

POINT
接待する側が焼く

焼く際は、相手に好みの焼き加減をあらかじめ聞きます。また、相手が焼いてくれるという場合は、途中で手をつけないように気をつけます。

例
1 タン塩　　2 カルビ
3 ハラミ　　4 モツ類

鍋のマナー

具材は均等にとる

特定の具材を独占してとるのはマナー違反。ほかの人のことも考えて、均等にとりましょう。

逆さ箸はNG

箸の逆側を使って取り分ける人がいますが、逆側は使用目的の形状になっていないのでNG。「祝い箸」という、両側が使える形状の箸もありますが、この場合であっても逆側は使用しません。

✕NG
- とりかけたものを鍋の中に戻す
- 箸でかき回す
- とり皿を鍋に寄せずにとる
- 一度にたくさんとる
- 自分の箸で鍋から直接とる
- 逆さ箸や洗い箸を行う

Q ピザにもマナーはあるの？

寿司屋でのマナー

▶かならず予約を
店側はその日の予約具合に応じてネタの仕入れを調整していることが多いので、来店の1週間前には予約を入れるのが理想です。

▶予算調査も忘れずに
高級なものを食べるときは少しくらいフンパツするのが粋と思いますが、不安なときは予約する際に、平均的な値段を聞いておくとよいでしょう。

▶淡白なものから濃いものへ
タイやヒラメなどの淡白な白身魚から、マグロなどの赤身魚、そしてアナゴなどのタレがついているもの……。と徐々に濃い味わいにしていくのがおいしい食べ方です。

> **×NG**
> **値段をいちいち聞く**
> 値段表示がない店もありますが、注文する際にいちいち値段を聞くのは、無粋です。そのために事前の値段調査が大切です。

> **↑LEVEL UP**
> **巻き物と卵で締める**
> 寿司屋では、巻き物の次にツマミで卵を頼むと「終わり」というサインになります。追加で頼みたいネタがあれば、巻き物の前に頼むとよいでしょう。

立食パーティーのマナー

▶バイキング形式は料理をとる順番に注意
「前菜からメインへ」「冷たい料理から温かい料理へ」この順番でとるのが基本です。

▶皿に一度に盛るのは3品まで
4品以上盛ると味が混ざりますし、見栄えも美しくありません。

▶温かい料理と冷たい料理はいっしょに盛らない
温度が違うものをいっしょに盛ると、料理が冷めたり温まったりしてしまいます。

片手をあけておくのがマナー
すぐに握手が行えるように、このように皿とグラスを持ち、片手をあけます。ワイングラスの場合は、親指と人さし指の間に挟んだ皿の上にグラスをのせ、親指でグラスのプレートを押さえます。

> **↑LEVEL UP**
> **グラスマーカーを使う**
> 多くの人が集まるパーティーでは、自分のグラスがわからなくなることがしばしば。そこでおすすめなのが、グラスマーカーです。ひと目で自分のグラスがわかるだけでなく、おしゃれで、パーティー上級者に見えます。

A フォークとナイフを使って左から一口大に切って食べます。手で食べるときは、端の耳の部分を半分に折って先端から食べれば、口のサイズに合い、具もこぼれません。

お酒の飲み方

☐ ここが大事！：いくら酔っていてもマナーは忘れないように

ビール

▶注ぎ方

1 瓶のラベルが上を向くように持ち、左手を添えて注ぎます。

2 最初は勢いよく注ぎ、グラスの半分くらいまで入ったらゆっくり注ぎます。

3 その後はグラスの縁に沿ってゆっくり注ぎ、ビールと泡が7対3の比率になるようにします。

▶注がれ方

両手でグラスの下のほうを持ち、相手に向けて少し傾けます。グラスに中身が残っていたら飲み干しましょう。

POINT
かならず口をつける
お酌を受けたら、グラスを置く前に一度口をつけるのがマナーです。受ける際は「いただきます」「ありがとうございます」のひと声も忘れずに。

日本酒

▶注ぎ方

1 ふきんを軽く下に添えて注ぎます。このとき、注ぎ口を持ってはいけません。

2 杯の八分目くらいまで注ぎ、注ぎ残しが垂れないようふきんをあてたまま、お銚子を起こします。

▶注がれ方

右手で杯を持ち、左手の指先を底に添えると美しく見えます。

Q お酒を注ぐタイミングは？

ワイン

▶注ぎ方

1 ボトルの底を持ち、相手にラベルが見えるようにしながら注ぎます。

2 ボトルがグラスにふれないようにして、グラスの3分の1くらいまで注ぎます。

↑LEVEL UP
ボトルを回してスマートに注ぎきる

注ぎ終わりは、手首を返してボトルの口で水滴を切るようにすると、注ぎ残しが垂れるのを防げます。ただ、慣れないうちにするとよけいにこぼしてしまうので、ナプキンなどで押さえてぬぐうとよいでしょう。

▶注がれ方

グラスは持たずに、テーブルに置いたまま注いでもらいます。

POINT グラスは右側に

給仕は席の右側からお酒を注いでくれます。ワインに限らず、グラスは基本的に右側に置くのがマナーといわれています。また、お酌を受けたら、グラスを置く前に一度口をつけるのがマナーです。

☑ここもCheck!
フォーマルな店では店員に任せる

一般的に、ワインは給仕が注いでくれるのが正式であり、自分で注ぐことはしません。ただし、同席者どうしで注ぎ合いたいときや、大衆的なお店ではそのかぎりではありません。

▶おいしい飲み方

飲む前にグラスを回して空気を含ませます。時計回りに回すと中身が相手に飛んでしまう危険があるためNG。

グラスを持ち上げるときは、かならず脚を持ちます。ボディを持つと指から熱が伝わり、ワインの風味が損なわれます。

✕NG
乾杯ではグラスを合わせない

ワイングラスはとても繊細なため、グラスをぶつけると割れてしまう危険があります。目の高さに掲げてアイコンタクトをするのみにしましょう。

☑ここもCheck!
バーでのふるまいマナー

人数や服装のマナー
多くても5〜6人程度が無難。服装はバーの雰囲気にもよりますが、男性はジャケットを着用していれば問題ないでしょう。

ジントニックで店の味を知る
最初の1杯は安価で定番品のジントニックがおすすめであり、そのバーの味が自分に合うかがわかるといわれています。

会話の内容に気をつける
一般的にバーは狭い空間。ほかの人にも会話の内容は聞こえるので、悪口やうわさ話、情報ろうえいになる話題は控えます。

A グラスの中身が半分以下になったら「お注ぎしますか?」とひと声かけ、注ぎます。ただし、ビールは注ぎ足しをすると味が落ちるので、お酒はグラスが空になってから。

著者

西出ひろ子　にしで ひろこ

マナーコンサルタント・美道家。ウイズ株式会社 代表取締役会長、HIROKO ROSE株式会社 代表取締役社長、一般社団法人マナー教育推進協会 代表理事。大妻女子大学卒業後、国会議員・政治経済ジャーナリストの秘書等を経て29歳でビジネスマナー講師として独立。31歳でマナーの本場、英国へ単身渡英。その後、英国でビジネスパートナーと起業。渡英中、日常生活の中で"真のマナー"に触れ、真心を重視したHIROKO流マナー論を確立させる。帰国後、実体験に基づいたマナー研修や、お客様の心理を知り尽くした営業・接客研修等のビジネスマナー研修はもとより、収益アップにつなげるマナーコンサルティングや人財プロデュースを行う。名だたる企業300社以上のマナーコンサルティングやマナー研修を行い、結果を出すマナー講師として定評がある。NHK大河ドラマ「龍馬伝」「花燃ゆ」、NHKドラマスペシャル「白洲次郎」をはじめ、映画「るろうに剣心 伝説の最期編」などドラマや映画、新聞、雑誌等でのマナー指導・監修なども務める。

〈著書・監修書〉
『お仕事のマナーとコツ』(学研)、『マンガでわかる!社会人1年生のビジネスマナー』(ダイヤモンド社)、『完全ビジネスマナー』(河出書房新社)など、国内外で70冊以上。

HIROK♥MANNER Group
　ウイズ株式会社　　　　　　　https://www.withltd.com
　HIROKO ROSE株式会社　　　https://www.hirokorose.co.jp
　一般社団法人マナー教育推進協会　https://www.manners-ring.or.jp

いちばん使える!
ビジネスマナーの基本とコツ

著　者　西出ひろ子
発行者　高橋秀雄
発行所　株式会社 高橋書店
　　　　〒170-6014 東京都豊島区東池袋3-1-1 サンシャイン60 14階
　　　　電話　03-5957-7103

ISBN978-4-471-01128-4　©TAKAHASHI SHOTEN　Printed in Japan

定価はカバーに表示してあります。
本書および本書の付属物の内容を許可なく転載することを禁じます。また、本書および付属物の無断複写(コピー、スキャン、デジタル化等)、複製物の譲渡および配信は著作権法上での例外を除き禁止されています。

本書の内容についてのご質問は「書名、質問事項(ページ、内容)、お客様のご連絡先」を明記のうえ、郵送、FAX、ホームページお問い合わせフォームから小社へお送りください。
回答にはお時間をいただく場合がございます。また、電話によるお問い合わせ、本書の内容を超えたご質問にはお答えできませんので、ご了承ください。本書に関する正誤等の情報は、小社ホームページもご参照ください。

【内容についての問い合わせ先】
　書　面　〒170-6014 東京都豊島区東池袋3-1-1 サンシャイン60 14階　高橋書店編集部
　ＦＡＸ　03-5957-7079
　メール　小社ホームページお問い合わせフォームから　(https://www.takahashishoten.co.jp/)

【不良品についての問い合わせ先】
　ページの順序間違い・抜けなど物理的欠陥がございましたら、電話03-5957-7076へお問い合わせください。
　ただし、古書店等で購入・入手された商品の交換には一切応じられません。